어떤 육아

두밤
여행

어떤 육아

두 밤
여행

글 · 그림 윤정은

도서출판 이곳

" 사는 날 동안 꼭 그렇게 살아.

무엇에 의해서가 아니라 주체적으로! "

세상 모든 아이에게

" 넌 멋있는 어른이 될 거야. 꼭 될 거야. "

세상 모든 엄마가

차례

이제부터 우리는
우리에게 가장 잘 어울리는 옷을 입고
가장 흥미로운 공부를 할 것이다.
그럴 때 우리가 행복하고
빛이 난다는 사실을 잘 알고 있다.

시작하며

때가 되면 아이가 유치원에 가고 학교에 가고 졸업을 하는 이런 평범한 것이 내 삶 안에서는 그렇지 못했다.

첫째 아이는 아이 나름의 이유로 7세에 초등학교에 입학했고, 둘째 아이의 입학은 2년이나 늦은 10살이었다. 두 아이 모두 기간은 다르지만, 입학 전에 홈스쿨을 했고 또래를 모아 공동육아를 했다.

나이에 의해서가 아니라 아이의 성향과 시기에 맞춰 모든 교육이 움직여야 한다고 여전히 생각한다.

나는 공교육을 무척이나 좋아하는 학부모다. 특히 첫째 아이를 보내면서 우리나라 공교육 수준에 여러 번 감탄했다. 초등학생이 그들끼리 조를 만들고 주제를 정하고 각자 분량을 나눠 조사하고 취합하고 발표하는 놀라운 활동들을 하더라. 나는 대학교에서 처음 해 봤던 일들이다.

그러나 참 아쉽게도 모든 아이가 공교육에 스며들지는 못한다. 둘째 아이가 그런 경우다. 아이는 자폐, 지적, 언어, 틱, ADHD 등 중복 장애를 가지고 있는데 보통 "제 아이는 자폐예요."하면 "아!"하고 가장 이해가 빠르고 그다음에 묻는다.

"근데 자폐가 뭐예요?"

막연히는 알지만, 잘은 모른다는 그 관심에 감사하며 나는 이런 대답을 한다.

"제가 키우며 보니 딱 하나 다른 특징이 있어요. <척>을 못해요. 불안해도 아닌 척, 싫어도 괜찮은 척, 좋을 때 과하지 않게 적당히 좋은 척. 이런 포장 기술이 없어요. 아마 이런 너무 솔직한 표현들 때문에 사람들이 불편해하는 것 같아요. 익숙하지 않아서."

하지만 내 아이가 학교를 중단한 이유를 장애로 들고 싶지는 않다. 장애 아이라고 모두 공교육에서 겉도는 것은 아니고 나름의 즐거운 요소를 찾으며 성실히 학교에 다니는 친구들이 훨씬 많다. 그저 한 치수의 옷이 모든 사람을 담을 수 없는 것처럼 공교육과 내 아이는 맞지 않았다. 어느 한쪽에 문제가 있어서가 아니다.

아이를 두고 내가 그리는 꿈의 목표는 <자립>이다. 아이의 자립은 곧 우리 가족의 생존과 직결된 일이다. 내가 평생 옆에 머물면서 아이를 하나하나 챙겨야 한다면 나는 온전히 내 삶을 살아 낼 자신이 없다. 아이가 스스로 집안을 정리할 줄 알아야 하고 간단한 장을 봐서 본인을 위해 음식을 만들고 짧은 시간이라도 일을 가지며 적당한 취미도 누릴 수 있어야 한다. 그것이 가능해진다면 나는 틈틈이 아이를 들여다보고 미흡한 부분을 채우는 일들을 기꺼이 할 수 있을 것 같다.

앞으로 내 아이가 받아야 하는 교육은 이것과 관련된 것들이다. 그러나 학교나 치료센터 어느 곳에서도 나에게 절실한 이런 것들을 가르치지 않는다. 고등학교를 졸업하고 사회로 나가기 전에 잠깐 배워서 익힐 수 있는 그런 내용이 아닌데도 말이다. 아이가 본인의 역량만큼은 나의 그늘을 벗어나 자유롭게 살길 바라고 거기에 필요한 교육을 마땅히 제공할 것이다. 그것이 나의 사명이다.

공교육 안에서 나만 아등바등했던 것도 아니었다. 아이는 옆에 있는 친구들과 본인이 다름을 느꼈고 비슷하게 하고 싶은데 마음처럼 할 수 없다는 사실도 알아버렸다. 그렇게 힘든 시간을 보내던 중 나름으로 찾은 방법은 거리를 두는 것이었다. 자발적 외톨이가 되기로 선택한 것이다. 벅찬 학교 시스템을 따라가야 한다는 강박에서 비롯된 스트레스가 아이를 갉아 먹고 있었고, 무엇보다 소중하게 여겨 왔던 아이의 자존감이 바닥으로 곤두박질하는 하루하루를 더는 두고 볼 수 없었다.

이것이 우리가 두 번째 홈스쿨을 선택한 이유다. 이제부터 우리는 우리에게 가장 잘 어울리는 옷을 입고 가장 흥미로운 공부를 할 것이다. 그럴 때 우리가 행복하고 빛이 난다는 사실을 잘 알고 있다.

교육과 별개로 나에게는 한 가지 더 해야 할 일이 있다.

이 아이를 설명하는 일이다.

아이가 치료실을 혼자 다니기 시작했을 때 한 통의 전화를 받았다.

"희랑엄마, 희랑이가 밖에서 혼자 지나가던데. 괜찮은 거야? 혹시나 해서."

"아, 희랑이가 혼자 다니는 연습을 시작했어요. 치료실 오가는 길이었을 거예요. 이렇게 걱정해 주고 전화까지 해 줘서 고마워요."

아이가 혼자 산책을 시작하면서부터는 여기저기서 아이를 봤다는 제보와 안심이 될 만한 상황 설명들도 전해 받았다.

'우리를 아는 많은 눈이 함께 지키고 있구나. 마음이 좀 놓인다.'

아이는 이제 영종도에서 다리를 건너 송도, 청라까지 혼자 다닐 수 있게 되었다. 뿐이겠는가, 곧 전국 곳곳을 누비고 다닐 것이다.

아이가 세상에 나갔을 때 최대한 안전하길 바란다. 그러려면 누군가의 설명과 누군가의 이해가 필요하다.

그래서 책을 쓴다.

<책을 쓰면서 가장 염려되는 부분은 내가 언급하는 이 아이가 마치 장애인 전체인 것처럼 일반화되는 것이다. 같은 장애 유형이라도 아이마다 증상이 천차만별이고 나는 모든 경험을 내 아이를 토대로 겪어 봤을 뿐이다. 이 점을 꼭 기억해 주길 바란다.>

만일 나에게 아이가 둘째 아이 하나였다면 장애를 지독하게 미워했을지도 모르겠다. 내가 수도 없이 부딪히고 깨지는 모든 이유가 장애 때문이라고 몰아붙였을 테니까 말이다. 얼마나 편리한 이유인가.

중학교 3학년을 보내고 있는 딸아이를 키우며 보니 <육아>가 힘든 거다. 그 삶 또한 얼마나 치열한지를 잘 알기에 어느 쪽이 약자이고 어느 쪽에 배려와 아량을 베풀어야 하는 것인지 단정 짓기가 어렵다. 딸에게 동생은 아빠, 엄마가 죽으면 네가 떠맡아야 하는 짐보따리가 아니라고, 그러니 너는 너의 삶을 충실히 살라고 당부한다.

그러나 생일이나 명절 같은 특별한 날이나 서로 시간이 맞는 어느 날은 어떻게 지내는지 안부도 묻고 서로의 일상에 마음을 써 주길 바란다. 이것은 한쪽으로 흐르는 배려가 아니라 모든 부모가 바라는 평범하고도 어려운 이상적인 남매의 모습이 아닐까.

두 아이 모두 자신의 행복한 미래를 꿈꾼다. 좋아하는 일을 갖고 좋은 사람들을 곁에 두며 자신이 생각하는 멋있는 성인이 되기 위해 최선을 다한다. 그 꿈에 밑거름이 되는 일들을 지원해 주고 크고 작은 일상을 공감해 주는 역할, 두 아이가 필요로 하는 나의 역할은 너무나 똑같다. 내용과 방법만 다를 뿐이다.

　세상에 장애인에 대한 긍정적인 경험을 쌓는 일! 나와 같은 목표를 갖은 장애인의 부모들이 함께 해 주면 좋겠다. 모든 경우가 그렇듯 이해를 높이기 위해서는 경험을 늘려야 한다. 길이든 식당이든 사람들이 머무는 곳 어디에서나 장애인을 접할 수 있길 바란다.
　그러니 내어놓자. 많이 보게 하자.
　그리고 그전에는 반드시 가르치자. 자립 교육을 경험하지 못한 아이가 부모 품을 떠날 수 없을 테고, 떠난다면 더 큰 문제다. 우리 아이들을 통해 장애인도 그들을 대하는 사람도 모두가 안전하다는 믿음이 커지길 바란다.
　그렇다면 찬찬히 되짚어 보자. 우리는 세상으로 내보내는 교육을 하고 있는지. 우리가 열중하고 있는 학교나 센터에서 아이는 그것들을 적절히 교육받고 있는지.
　진지하게 고민해 보자.
　학교나 센터가 무용하다는 것이 아니다. 나 역시 아이 교육에 엄청난 도움을 받았다. 다만 그것과 더불어 잊거나 미루고 있는 가장 중요한 것을 챙기자는 것이다.

어디서?

가정에서!

나는 그 자리가 참 좋았다.

아이를 기다리며 듣던 라디오,
따뜻한 햇볕을 받으며 먹던 김밥 한 줄,
종례 전에 아이들이 뛰놀던 모습을 들여다볼 수 있던 그곳.

이름도 반, 번호도 없었지만 분명한 내 자리였다.

마지막 등교

2020. 11. 23 월

'너무 맞춰 보내고 싶었는데! 오늘이 마지막인데!'

8시 30분까지 등교를 시키기로 담임선생님과 약속했는데 10분이나 늦었다. 오늘은 마지막 등교이기도 했고 처음으로 교장실에서 상을 받는 날이기도 했다. 등교하자마자 시상식이 있어서 혹시라도 낯선 교장실에 가야 하는 것과 평소와 다른 상황들로 당황할까 봐 (그래서 상이고 뭐고 안 받겠다며 뛰쳐나오기라도 할까 봐) 주말 동안 찬찬히 설명하고 좋은 컨디션으로 등교시키려 특히나 노력했던 아침이었다.

그러나 무심하게도 오늘같이 특별한 등굣길에 마음처럼 움직여 주지 않는 아이를 향해 결국 언짢은 티를 내버렸다.

그렇게 나만 찜찜한 채로 아이를 들여보내고 교감 선생님을 잠시 만났다. 절차대로 하게 되면 학교에서 공문이 갈 것인데 다소 표현이 당황스러울 수 있으니 미리 안내를 드린다고. 앞으로 처리될 행정적인 내용도 대략 설명해 주셨다. 그러나 그때가 되면 여지없이 당황스러울 것이다. (실제로 일주일에 한 번씩, 세 번의 독촉장을 받았을 때 그랬다. 하지만 이런 행정적인 부분들은 홈스쿨을 결정한 이상 앞으로 꾸준히 내가 감수해야 할 몫이기도 하다. 우리나라에서 홈스쿨이 환영받지 못하는 시스템임을 인정한다.)

아이가 학교에 들어간 후, 입학했을 때부터 알고 지내 온 아이 친구 엄마를 만나 수다와 점심을 함께 했다. 이렇게 될 줄 모르고 잡았던 약속이었는데 오늘이 아니었으면 인사도 못 하고 이별할 뻔했다.

학교를 보내면서 힘이 되어 주던 여러 엄마가 있었다. 도드라지던 내 아이를 이해해 주고 우리를 응원해 주던 그 감사함에 어떤 인사도 전하지 못하고 마무리하게 되어 마음이 무겁다. 코로나로 학교 전체가 어수선하고 소통이 소원해지다 보니 상황이 여의치가 않았다.

한 학년에 2학급, 한 반에 20명 안쪽인 이 학교는 전체적으로 분위기가 친근하고 따뜻했다. 희랑이야 눈에 띄는 아이라서 더 그랬겠지만, 전교 선생님들께서 아이 이름을 불러 주시는 그런 학교였다. 그렇게 좋은 학교였다.

하교까지 한 시간 정도가 남았다. 이 시간을 오롯이 혼자 보낼 수 있는 것이 정말 감사했다. 하루 남은 내 자리를 정성 들여 잘 정리하고 싶었다.

하늘이 너무 깨끗했고 점심을 일찍 먹은 아이들은 먼저 나와 뛰어놀기 시작했고 대부분 날에 그랬던 것처럼 학부모 중 1등으로 교문을 지키고 있었다. 나는 그 자리가 참 좋았다. 아이를 기다리며 듣던 라디오, 따뜻한 햇볕을 받으며 먹던 김밥 한 줄, 종례 전에 아이들이 뛰놀던 모습을 들여다볼 수 있던 그곳.

이름도 반, 번호도 없었지만 분명한 내 자리였다.

희랑이는 3년 동안 이 학교에서

친구들과 한 교실에서 착석하여 공부하는 것을 배웠고, 급식실에서 함께 식사하는 것을 배웠고, 알림장을 쓰고, 받아쓰기 시험을 보고, 일기를 쓰고, 소풍을 가고, 생존 수영 물놀이를 하고, 공연을 보고, 시험을 보고, 방과 후 수업도 해 보고, 학교 앞 학원도 혼자 다녀 보고, 버스 타고 하교도 혼자 해 보고, 대회에서 수상도 해 보고, 친구에게 맞아도 보고, 때려서 불려가기도 해 보고, 형들 노는데 눈치 없이 끼어들어서 정신 번쩍 들 만큼 혼도 나보고….

무엇을 더 할 수 있을까? 시간이 지나고 '아, 학교 다닐 때 이런 건 좀 해 볼걸.'하고 아쉬움이 남을 만한 일은 뭘까?

충분하다. 시작했을 때 가졌던 막연한 기대보다 아이는 훨씬 훌륭히 자신의 몫을 해 주었다.

입학할 때만 해도 성장은 꿈에서조차 가질 수 없었다. 그런 사치를 부릴 여유가 없었다. 하루하루 사고만 없길 가슴을 끓이며 핸드폰을 붙들고 있었으니 말이다. 담임선생님 성함이 핸드폰 화면에 뜨고 벨이 울리면! 심장에서 벼락이 쳤다. 그랬던 내가 3년 동안 학교 안에서 일취월장한 아이를 마주하고 있다니 꿈속에서 꿈을 꾸는 것 같은 환상이랄까.

아이의 성장에 힘을 보태어 주신 학교와 선생님, 친구들에게 무한한 감사를 보낸다.

"엄마 마음 안 아파(?)"

학교 중단을 결정하고 가장 먼저 아이 입에서 나온 말이다.

수도 없이 도망치고 싶을 만큼 힘들고 하기 싫은 것들을, 엄마가 좋아하니까 엄마를 위해서 마지막 날까지 참고 견뎌준 아이에게 가장 고맙다.

희랑아,

수고 많았어.

덕분에 엄마, 3년 동안 너무 즐거웠어.

즐겁게 해 줘서 고마워.

Homeschool 안내도

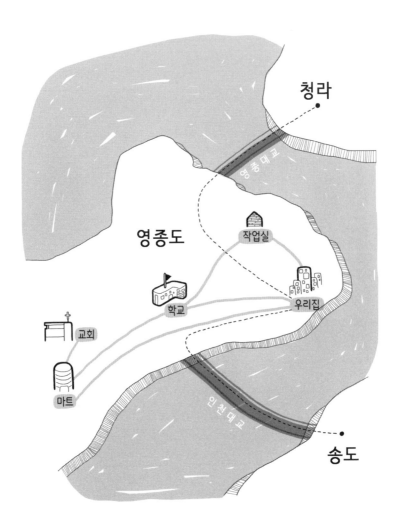

Homeschool 주요시설 & 활동내용

우리집

·Homeschool의 중심이 되는 곳

·기본적인 학습과 생활인지에 관련된 공부를 하는 곳

작업실

·공동육아 (2017.09.10~2021.4)

짝수업으로 시작해 수시로 인원 변동이 있었다. 학교나 기관에서 접하기 어려웠던 다양한 그룹 활동을 엄마들이 함께 만들었다. 구성원에 맞추어 수업 내용이 바뀌었고 가장 활발했던 일 년을 정리하면 다음과 같다.

활동 1) 매주 수요일 2시~5시

        등산 또는 미술(날씨 상황에 따라 외출이 어려울 때)

활동 2) 격주 토요일 10시~5시

        ① 국민체조

        ② 인지(국어, 대화, 감정 등) 그룹 수업

        ③ 미술

        ④ 요리

        ⑤ 엄마와 함께 학습

        ⑥ 편의점 다녀오기

활동 3) 월 1회 / 여행

학교 수업을 쉬고 대중교통이나 복지관 렌트카를 이용해 함께 다녔다. 처음에는 당일로, 차차 경험이 쌓여 1박 2일 여행도 다녀왔다.

활동 4) 계절학교

방학 동안 2주씩 <활동 2>의 내용으로 했다. 주 1회는 마을 도서관에 방문해 책을 읽고 작업실에 돌아와 독후 활동을 진행했다.

· 미술 (2021.4~)

여러 상황 변동으로 공동육아를 정리하고 이후부터는 주로 그림을 그리는 장소로 이용하고 있다. 주 2회씩 친구와 함께 그림을 그리고 다른 날에는 수시로 들러 아이와 공부하고 그림도 그린다.

학교

· 10살에 입학해 1~3학년을 수료한 학교로 현재는 아이가 주변을 산책하며 우연히 친구를 만나길 기대하는 장소이다.

마트&서점

· 종량제 봉투에 담길 만큼 간단한 장보기가 가능하고 영종도 내 유일한 대형마트가 익숙해진 후로는 인천 내 마트를 몇 개월에 걸쳐 돌아가며 방문했다. 그리고 그마저 익숙해진 아이는 서울이나 여행 중에 다녀왔던 곳을 재방문하기 원한다.

교회

·아동부 예배 후 주변을 산책하고 혼자 버스로 귀가한다.

청라, 송도

·청라 롯데마트, 홈플러스 / 송도 현대프리미엄아울렛, 홈플러스 / 연수동 스퀘어원, 이마트는 버스를 이용해 혼자 다녀온다.

편의점에서 물이나 간식을 사는 것과 매장에서 햄버거를 주문해 식사하는 것도 가능하다.

아이의 요청으로 14살이 되는 내년에는 지하철 이용 방법을 가르쳐주기로 약속했다. 그리고 다음에는 시외버스를 타는 방법도 알고 싶단다.

이렇게 배움의 열정이 넘치는 건강한 아이다.

Homeschool 교육내용

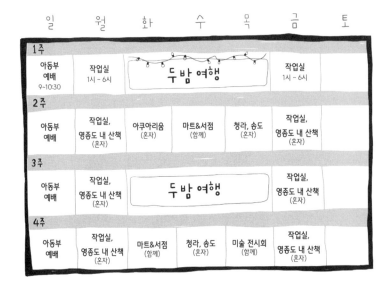

일	월	화	수	목	금	토
1주						
아동부 예배 9~10:30	작업실 1시 ~ 6시		두밤여행		작업실 1시 ~ 6시	
2주						
아동부 예배	작업실, 영종도 내 산책 (혼자)	아쿠아리움 (혼자)	마트&서점 (함께)	청라, 송도 (혼자)	작업실, 영종도 내 산책 (혼자)	
3주						
아동부 예배	작업실, 영종도 내 산책 (혼자)		두밤여행		작업실, 영종도 내 산책 (혼자)	
4주						
아동부 예배	작업실, 영종도 내 산책 (혼자)	마트&서점 (함께)	청라, 송도 (혼자)	미술 전시회 (함께)	작업실, 영종도 내 산책 (혼자)	

<월단위 일정표>

평일 오전에 정해진 공부를 하고 오후에 야외 활동을 한다. 아이가 가고 싶은 곳을 스스로 정하고 멀리 가고 싶은 곳이 있을 때 내가 함께 간다. 동행하는 마트나 서점은 일주일에 한 번, 아쿠아리움은 한 달에 한 번, 미술 전시회 관람도 한 달에 한 번이다.

여행과 일상의 병행이 안정되기까지 여러 달이 걸렸다. 하지만 곧 새로운 달이 시작되면 달력 어느 날에 어떤 활동을 적어야 하는지 아이는 잘 이해했다.

토요일은 각자 시간을 보낸다. 아이는 정해진 시간 동안 게임을 즐기고, 나는 작업실에서 글을 쓰거나 잔디를 깎고 닭과 텃밭을 돌보며 내 시간을 갖는다.

아이가 미디어를 이용하는 시간, 나와 분리된 시간, 혼자 외출하는 시간 등은 아이 상황에 따라 바뀐다. 생활이 안정적일 때는 좀 더 길게, 불안과 짜증이 거듭되는 날은 적게 조절한다. 대부분 아이는 나의 설명을 잘 이해하고 따라준다.

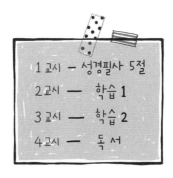

<일일학습>

평일 오전에 하는 공부는 크게 네 가지이다. 성경 필사와 독서는 나의 도움 없이 스스로 하고 학습 일지에 체크를 한다. 학습은 검정고시를 준비하면서 필요한 내용으로 하루에 2과목씩 1시간 30분 정도 공부한다.

이 책에서는 <두 밤 여행>의 틀을 빌어 아이를 설명하려고 한다.

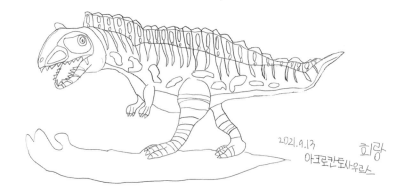

2021.9.13 희랑
아크로칸토사우루스

PART 1
겨울

일단 ㅈ020210213
출발

1
파주
변화

2020.11.24-25 · 화-수

　학교를 보내는 동안은 내가 아이에게 맞춰야 했던 것들이 대부분이었다. 준비 없이 보낼 수 없었고 그러자니 아이도 나도 해야 할 일들이 너무 많았다. 거기에 아이 심리까지 살피다 보면 자연스럽게 모든 생활이 아이 중심이었다. 그렇게 굳어진 아이와 나의 접점을 중간 어디가 되도록 조절해야 했다. 서로 좋아하는 것을 함께 오랫동안 하기 위해서 반드시 거쳐야 할 힘겨루기였다.

학교에 다니는 3년 동안 아이는 여행을 싫어했다. 유난히 동물을 좋아해서 그리도 부지런히 드나들던 강원도도 오래 차를 타는 것이 힘들다며 거부했고 둘이 아닌 가족여행은 말할 것도 없었다. 집에 머물면서 입맛대로 엄마를 독차지하는 것이 아이가 원하는 가장 만족스러운 상황이었다.

집이라고 편하지도 않았다. 내가 남편이나 딸과 이야기라도 나누면 아이는 울음으로 시작해 나중에는 자기 방으로 들어가 방문을 닫고 숨기도 하고 그러다 어느 날은 거실로 나와서 내 입을 틀어막고 가족들로부터 나를 떼어내려 안절부절 이었다.

남편과 딸이 아이의 장애를 점점 더 이해하기 어려워하는 것도 나에겐 큰 문제였다. 처음에는 그들에게 짐을 지우는 것이 싫어서 내가 아이 육아를 전담하고자 한 것이기도 했고 아이의 성향을 이해하지 못하는 남편과 딸이 아이와 반복적으로 부딪히는 상황들도 내가 감당하기에 너무 어려웠다. 역할을 구분 짓는 것이 우리 가족에게 최선이라 생각했었는데 지나고 보니 내 오판으로 오히려 그들 사이에 이해 부족과 거리감을 만들어 버렸다.

가족들이 각자 자기 자리를 찾을 수 있도록 이제라도 변화가 필요하다. 그리고 그 복잡한 숙제를 풀기 위해 가장 먼저 해야 할 일은 아이와 나의 관계를 다시 만드는 것이다. 그것이 가능하다면 다음 문제도 풀 수 있을 것 같다.

학교에 다니면서 외부 자극이 그릇에 철철 넘칠 만큼 많았던 아이에게 심리적인 여유를 주고, 온 세상이 엄마인 아이에게서 내가 천천히 거리를 두려고 한다. 그 거리에도 아이가 스스로 안정감을 느끼게 된다면 다른 가족의 자리가 생기지 않을까.

아이는 동물을 만날 것을 기대하고 나는 철마다 다른 얼굴을 내미는 자연에 취하던 그때, (아이의 8세, 9세를 보냈던 첫 홈스쿨) 그때로 돌아가야겠다.

그래서 떠난 첫 여행. 파주.

갑작스러운 변화를 힘들어하는 아이를 위해 대부분의 일정을 거실 달력에 써 놓고 생활하는데 이번 여행은 말 그대로 <갑자기>였다.

원래 계획은 이번 학기를 채우고 새해부터 시작하려 했던 홈스쿨이었다. 하지만 꾹 참으며 잘 다니는 것 같던 아이가 갑자기 더는 학교에 가지 않겠다고 했다. 수업 시간에 공부하는 것이 너무 힘들고, 점심시간에 밥 먹는 것도 너무 힘들고, 개별반 가는 것도 너무 힘들단다. 기특할 만큼 겨울 방학을 잘 기다리며 성실히 하루하루를 채운다 싶었는데 또박또박 들이대는 아이의 표현에서는 전에 없던 확고함까지 느껴졌다.

'그래, 지금이구나. 내가 더 고집을 부리면 안 되겠구나. 두 달이 무슨 의미야. 내 마음 편하자고 정해 놓은 시간이지.'

이렇게 해서 두어 달을 당겨 갑자기 시작된 홈스쿨이라 이 여행도 갑자기 일 수밖에 없었다.

아이는 예상대로 안 가겠다며 불안해하기 시작했다. 평소라면 찬찬히 설명하거나 그래도 회복되지 않으면 다음을 기약하고 내가 양보했을 것이다. 아이의 감정을 흔들어 대면서까지 여행을 주장할 수는 없는 노릇이었다.

그러나 이번에는 굽히지 않았다. 더이상 그럴 수가 없었다. 이 끝없는 불균형을 앞으로도 계속할 자신이 없었다.

율곡수목원에 도착해서도 걷지 않겠다며 아이는 여행을 거부했다. 몇 번이나 앞서 걸으려는 나를 막아 세우고 "나는 지금부터 화를 낼 테다. 어디 잘 지켜봐라."하는 듯이 바지를 걷어 올리며 짜증을 냈다. 기가 차게도 내일부터는 차라리 학교에 가겠다며 큰소리를 치기도 했다.

"난 갈 거야. 난 산을 좋아해. 나도 좋아하는 걸 하고 싶어.

너만 하고 싶은 걸 하면서 살 수는 없잖아.

너도 엄마가 좋아하는 걸 함께 해 줘.

엄마도 마트 구경 재미없지만, 함께 가잖아."

한 공간 안에서 우리는 너무나도 대조적인 모습이었다. 나에게는 눈으로 읽히는 모든 색이 아름답고 피부에 닿는 쌀쌀함이 행복하기까지한 순간이었지만, 아이는 완벽하리만치 반대인 듯 보였다.

짜증 또 짜증. 끝이 없을 것만 같은 짜증! 돌아가자는 아이와 기 싸움을 서너 번, 짧은 쪽으로 꺾어 걷자는 아이에게 "아니. 난 반대로 갈 거야."를 서너 번. 넉넉히 20분이면 걸었을 거리를 한 시간 정도를 들여 걷고 차로 돌아왔다.

'그래. 첫날인데. 이 정도면 만족해. 그리고 넌 곧 이 패턴을 좋아하게 될 거야.'

남편이 종종 얘기하던 나의 강력한 무기 중에 하나다. 알 수 없는 자신감!

"이제 베네피아 가요."

"그래, 가자. 이번엔 니가 좋아하는데 가자."

오래전 아이가 인터넷 검색을 하다가 알게 된 장난감 가게인데 당장 가자고 하는 아이에게 말했었다.

"파주는 너무 멀어. 지금 갈 수는 없어. 나중에 근처에 볼일 있을 때 가자." 그 말을 기억하는 아이다.

"희랑아, 우리 작년에 운악산 자연휴양림 간 게 언제였지?"

"11월 9일이요."

"우리 외할머니랑 제주도 간 건?

"1월 27일이요."

실생활에는 크게 도움 될 것이 없다는 그저 흔한 자폐 성향 중 하나라고는 하지만 너무나 신기한 재주다.

장난감 가게 다음으로는 마트에 갔다. 주차장에 도착하면 아이는 장비를 챙겨 현장으로 침투하는 어떤 요원 못지않게 진지하다. 마스크와 워치폰을 챙겨 먼저 출발해서 혼자 쇼핑을 즐긴다. 중간에 어느 위치에 있는지 접선도 하는데 꽤 숙련된 수준이다. 한 두 시간 정도를 구석구석 즐기다 전화가 오면 내가 출동한다. 만나서 장을 보고 돌아오는 것이 우리가 마트를 이용하는 방법이다.

'그래도 캠핑인데 분위기는 좀 내야지.'

아이가 쇼핑하는 사이 나는 뒷자리에 이불을 정리하고 준비한 조명을 걸었다. 차 틈 사이사이로 조명을 걸면서도 날이 어둑해지니 집에 가고 싶었다. 먼 거리도 아니고 돌아가자고 마음만 먹으면 내 일신이 편할 것이었다. 그렇게 자꾸만 한쪽으로 내달리는 마음을 애써 차단했다.

'지금 불편하자. 나중에 편하려면.'

나보다 몇 배는 더 집으로 달려가고 싶을 아이 마음을 잘 알기에 마음을 고쳐먹기로 했다.

파주에 있는 캠핑장을 검색하고 전화를 돌려 보아도 우리 차 세울 사이트 하나가 없었다. 평일이 맞나, 코로나가 맞나. 미리 챙기지 못한 내 잘못이었다.

목적지 없이 동네를 돌아다니다가 적당한 공원 주차장을 찾았다. 가까이에 화장실도 환하게 불이 켜져 있는 딱 적당한 곳이었다. 그러나 눈앞에 두고도 화장실을 이용하는 것은 너무 어려운 일이었다. 화장실은커녕 어둠을 밀어내고 차 문을 여는 것조차 불가능했다. 무서웠다.

걱정했던 것보다 파주의 11월은 춥지 않았다. 전기난방 없이 핫팩과 극세사 이불만으로 잠들 수 있었다. 아이도 "아침이 왔어요? 아니네. 아직 밤이네." 밤사이에 이런 확인을 두어 번 정도 하고 아침 9시까지 푹 잤다. 내가 운전을 시작하지 않았으면 더 잤을지도 모르겠다. 잠자리가 그럭저럭 괜찮았다는 증거니, 차박도 성공이구나. 다만 바닥 평탄화와 배김은 필히 개선을 해야 했다.

감악산 제5주차장에 도착했을 때는 어제 돌아갔으면 크게 후회할 뻔했겠구나 싶었다. 차에서 자느라 굳은 몸까지 충분히 풀어줄 만한 경치였다. 두 산자락이 맞닿아 만들어진 길을 따라서 올라 중턱 어딘가였다. 산속으로 들어와야만 볼 수 있는 깎아 세운 듯한 절벽과 그 아래를 작은 물줄기가 흐르고 있었다. 그곳부터 출렁다리까지는 느린 걸음으로 15분 정도 거리였다. 경사가 있긴 했지만, 아침에 아이와 걷기에 무리 되지 않는 산책로였다. 어제에 이은 두 번째 아침 산책이라 그런지 아이 얼굴에서 전날보다 편안함이 느껴졌다. 아직 주변 경치보다 내 얼굴을 더 자주 들여다보긴 했지만, 입으로는 내가 들으면 좋을 법한 말들을 했다.

"음, 엄청 시원하다."

"와. 계곡도 있네. 수영하면 좋겠다."

지난 시간 동안 여러 번 깨달았던 것처럼 내 걱정보다 훨씬 더 적응이 빠르고 씩씩한 아이다. 그저 약간의 동기부여와 마음 기댈 곳이 필요한 것뿐이다.

숲길을 걷고 출렁다리를 건너고 전망대에서 보았던 산은 무엇이든 다 끌어안아 줄 것 같은 모습이었다. 내가 가지고 있는 자잘한 고민조차 무수히 쌓여있는 낙엽만큼이나 이 산에게는 참 자연스러운 일일 것이다. 낙엽이 없는 가을 산을 상상할 수 없는 것처럼 자잘한 고민이 없는 삶을 상상할 수 있을까.

'나 참 자연스럽게 살고 있구나. 너무 잘살고 있는 거구나.'

위로를 한가득 채워 내려오는 길에 아이가 먼저 말했다.

"엄마, 여행은 격주로 하자. 다음다음 주에 춘천 가자. 화, 수, 이렇게 가자."

"희랑아, 앞으로 여행은 월, 화, 수 갈 거야. 두 밤 잘 거야. 이번 월요일은 학교에 가서 인사하느라 출발을 못 한 거야. 두 밤이다. 두 밤!"

이래서 우리 여행의 이름이 <두 밤 여행>이 되었다. 첫 여행인데 벌써 목적을 이룬 것처럼 가슴이 뜨거웠다. 예고 없이 불쑥 떠나자고 했던 내 요구를 힘들지만 들어 준 것도, 기대보다 빨리 양보를 배워가는 것도 고마웠다.

"희랑아, 우리 이제 밥 먹으러 갈까? 배고프다. 엄마 생선구이 먹고 싶어."

"으악. 아니에요. 소갈비 먹으러 가요."

"갈비는 어제 먹었잖아. 오늘은 엄마 먹고 싶은 거 먹자. 엄마는 생선구이 먹고 싶어!"

이미 아침에 일어나서부터 마음속에 결정한 메뉴였다. 아이 틀에서 벗어난 음식을 먹고 싶어서 고민 끝에 찾은 식당이었다. 아이에게는 강하게 주장하면서도 마음 한편에는 이번에도 김이 모락모락 나는 채로 고스란히 남기게 될까 봐 걱정됐다. 한번은 미처 상이 차려지기도 전에 아이가 안 먹겠다며 식당을 나가버렸는데, 이미 차려진 뚝배기에 보글보글 끓고 있는 된장찌개, 고봉 달걀찜, 수십 가지 반찬들이 차려진 상에 마지막 반찬을 내려놓으시며 한숨 쉬시는 아주머니께 죄송해서 고개가 들리지 않았다. 또 어떤 날은 식당에 들어서자마자 여러 가지 섞여 나는 음식 냄새 때문에 헛구역질하더니 노란 물을 토해 내는 통에 정신없이 정리하고 도망쳐 나온 일도 있었다. 편식은 정말 최대의 난제다.

걱정을 한가득 안고 갔던 식당에서 비록 생선 살 몇 개를 얹어 공깃밥을 물 마시듯 먹어 치우긴 했지만, 자기 밥만 먹고 얼른 차로 도망가긴 했지만, 구역질하지도 음식을 게워 내지도 않고 식사를 마쳤다. 이 정도면 충분히 만족스러웠다.

식사를 마치고는 어제 갔었던 홈플러스를 다시 가기로 아이와 약속 했었다. 아이가 좋은 기억으로 여행을 마무리한다면 나에게도 득이 될 일이었다. 어김없이 주차하고 마음 급한 아이가 먼저 출발했다. 그런데 얼마 안 지나 전화가 왔다.

"엄마, 문이 닫혔어요."

이럴 수가! 휴무일이었다! 아이는 돌아오는 차 안에서 속상함을 삭혀가며 울었다. 어렸을 때라면 당장 문을 열어놓으라고 바닥을 뒹굴며 돌고래 소리를 질렀을 것이다. 예상치 못한 이런 변수들에 온몸에 털이 쭈뼛 서는 살얼음 육아를 해 왔던 나다.

어느 해 봄날, 일주일에 한 번씩 가던 동물원에서 있었던 일이다. 입구에 들어서면 가장 먼저 플라밍고가 나오고 거기를 지나 구부러진 길을 돌면 기린이 나온다. 이 구부러진 길을 앞서서 뛰어갔던 아이가 소리를 지르며 유턴해 왔다.

"아니야! 으아. 다 들어가! 없어져! 으아. 아니야! 으아"

울음 폭탄과 함께 귀를 찢는 하이톤으로 뱉어 내는 말들을 종합해서 찾은 결론은 이랬다. 지난주까지 추운 날씨 탓에 실내에서 생활하던 기린들이 봄이 되어 야외로 나온 것이 아이의 기대와 달랐던 것이었다. 그래서 사시사철 야외 생활을 하는 플라밍고 울타리 옆에 앉아 한 시간이 넘도록 목놓아 울었던 것이다. 변화가 없는 곳, 늘 한결같은 곳, 그곳에서 아이는 자기만의 방법으로 안정을 찾았다.

또 제주도 가는 비행기 안에서의 일이다. 조금 전까지 기분이 좋았던 아이가 자리에 앉자마자 뒤집어졌다. 비행기 안을 이리저리 뛰어다니며 소리를 지르고 울기 시작했다. 곧 이륙해야 하는 상황이라 스튜어디스가 다가와 돕고자 했지만, 타인의 접근은 아이의 불안감을 극도로 높이기만 했다.

"제 아이에게 자폐가 있습니다. 다른 사람이 말을 걸면 더 불안해하는 아이라, 제가 어떻게든 달래겠습니다. 죄송합니다."

간신히 아이에게 벨트를 채우고 비행을 하는 동안 딱 한 가지 생각뿐이었다. 이 아이를 꼭 끌어안고 비행기에서 뛰어내리고 싶다는 딱 한 가지 생각. 주변은 너무나 조용했다. 내 아이가 만드는 폭력적인 소리만 선명했을 뿐.

"비행기를 폭발시켜! 사람들아, 다 떨어져! 다 죽어!"

아이의 몸을 안으며 진정되기를 간절히 바랐다. 어느 순간부터 아이 옆자리 할아버지는 눈을 지그시 감고 계셨고, 아이가 뛰어다니며 난동을 부렸을 때 부딪힘이 있었던 창가 자리 커플 중 남자는 여자 친구에게 그렇게 위험한 상황에서는 먼저 자기를 안전하게 지켜야 한다며 몸으로 방어하는 시범을 보이고 있었다. 서너 발짝 떨어진 곳에서 스튜어디스는 불안해 보이는 우리를 주시하며 혹시 모를 돌발 상황을 대비하는 듯 했고, 나는 나와 아이를 둘러싼 수많은 무언의 시선들을 느끼며 세상에서 가장 씩씩하다고 생각되는 얼굴을 하려고 애썼던 것 같다.

그렇게 모두에게 잔인했던 긴긴 시간이 지나고 결국 비행기가 땅에 닿았다. 내릴 준비를 하기 위해 사람들이 일어섰을 때, 연세가 지긋한 신사분이 내 옆을 지나며 낮은 소리로 말했다.

"참, 수고하셨습니다."

너무 충격적인 위로였다. 그 적막이 나에게 보내는 격한 응원이었다는 것을 깨달았다. 이미 내 몸은 말을 듣지 않았고 눈물이 그렇게 터질 수도 있다는 것을 경험한 날이었다.

비행기에서 내려 생각하고 또 생각했다. 뭐가 문제였을까. 첫 비행기도 아니고 이제껏 비행기에서는 이런 문제가 없었는데 이번엔 뭐가 달랐던 걸까…. 고민 끝에 찾은 결론은 자리였다. 지금까지 비행기에서는 항상 창가 옆자리였는데 이번은 중앙 복도 자리였다. 그래서 그 커플이 있었던 창가로 뛰어갔던 것이었다. 이것을 확인하기 위해 오는 자리를 창가로 잡았더니 같은 문제가 없었다.

정말이지 진하게 정신적 고통을 치러가며 아이를 하나씩 알아 왔다. 지나간 몇 컷들이 눈에 그려지면서 옆자리에 앉아 울고 있는 아이에게 감사했다. 기대와 다른 결과 앞에서도 이제는 누군가에게 피해를 주며 슬퍼하지 않으니 말이다. 잘 슬퍼하는 법을 알아가니 말이다.

역시 여행은 많은 것들을 깨닫게 했다. 그저 무언가에 등 떠밀리듯 정신없이 사는 줄만 알았는데, 그보다 훨씬 더 많이 중요한 것들을 놓치며 살고 있었다. 이제라도 회복할 기회가 온 것에 감사하다.

아이와 나의 중심이 자세히 들여다보면 수도 없이 좌우로 흔들리며 춤을 출 테지만, 실눈으로 크게 보면 어느 한쪽으로 쏠리지 않는 중간 어디쯤이기를 바란다. 그 완성된 그래프를 가슴에 품고 미처 보지 못했던 우리의 모습을 마주하게 될 다음 여행을 기대한다.

두번째
소양강스카이 워크
ㅈ020210215

2

춘천
아무것도 보지 말아요

2020.12.7-9 · 월-수

춘천은 작년에 친구들과 함께 왔던 곳이다. 코로나가 없던 시절, 공동육아에서 한 달에 한 번씩 학교 수업을 빼고 여기저기를 다녔었다. 여섯 가정이 모여 기차를 탔는데, 이날 아이는 처음으로 기차를 경험했다. 이제 막 춘천으로 출발하는 기차에서 다음에 다시 기차 타고 춘천을 가자며 백 번도 넘게 말했던 기억이 난다. 그때만 해도 설레는 마음을 약간의 불안과 짜증으로 표현했다.

엄마들도 기차와 삶은 달걀이 주는 들뜸으로 또 함께라는 즐거움으로 여기저기서 웃음과 수다가 끊임이 없었다. 거기에 누가 대신해 준 것이 아니라 우리가 스스로 이 자리를 만들었다는 뿌듯함도 컸다. 우리는 너무나 잘 알고 있지 않나. "아이들이랑 놀러 한 번 가자." "아이들 데리고 맛있는 거 먹자." 이런 가벼운 인사가 행동으로 이어지는 것이 얼마나 어려운 일인지.

그런 추억이 있는 곳이라 그랬는지 아이가 먼저 원했던 여행지였다. 소양강 스카이워크 주차장에 도착하자마자 배가 고프다며 숯불 닭갈비를 먹어야겠단다. 그것 또한 작년 추억이 만든 일정의 반복이다. 꼭 그러려고 했던 것은 아니었는데 먼저 들렀던 식당이 오픈 준비가 안 됐던 터라 조금 더 걸어 작년에 갔던 같은 식당, 같은 자리에 앉게 되었다.

"왜 그 테이블은 고기를 그렇게 태워. 좀 더 시킬까? 같이 먹으니까 진짜 좋다. 많이들 먹어."

그날 나눴던 대화들이 다시 살아나 오고 가는 느낌이었다.

그래도 두 번째라고 유리 다리를 걷는 것이 덜 무서웠다. 이 정도로 뭘 그리 호들갑을 떨었던 건지 좀 머쓱하기도 했다. 그런데 생각해 보니 나만 그랬던 게 아니라 아이들도 기어다녔던 것 같은데!

그리 넓지 않은 곳이었지만 제법 오래 머물렀다. 여러 포인트를 돌아가며 멈춰 서서 지그시 풍경을 바라보는 아이 뒷모습은 아무래도 나와 비슷한 생각에 잠기는 듯 보였다.

세 번째엔 내가 아닌 누군가와 함께이기를 바라는 마음을 남겨 두었다. 어떤 모습일까? 누구와 함께 왔을까? 무얼 타고 왔을까? 또 그 식당을 갈까? 상상만으로도 너무 행복했다.

근처 마트에서 두어 시간을 놀고 더 늦기 전에 쉴 곳으로 이동해야 했다. 지금부터는 내 시간이다. 내가 좋아하는 시골길을 달려 산들이 겹겹이 줄지어 있는 곳으로 들어갈 것이다. 자연이 주는 이런 그림은 늘 내 심장을 터지기 직전의 풍선만큼 부풀려 최대로 커다란 숨을 쉴 수 있게 해 주고, 병원에 들러 약을 처방받는 것보다 훨씬 훌륭히 나를 정상으로 되돌려 준다.

이리도 벅차 있는 나와는 다르게 옆에서 눈물을 글썽이는 아이는 마음이 쓰였지만 위로하지 않았다. 처음 계획했던 <너와 나의 중간>을 지키고 싶었기 때문이다.

"도시가 없네. 없어졌네."

시야에서 도시 풍경이 사라지자마자 흐느끼며 울기 시작했다. '이게 너에게는 그렇게도 어려운 일이구나.' 내 머릿속에는 여전히 동물을 좋아하고 그 좋아하는 동물이라면 당일 강원도쯤이야 흔쾌히 다니던 꼬마인데, 아이는 자신의 취향을 적절히 가감해 가며 엄청나게 자라 있었다. 왜 그토록 여행이 싫어졌는지도 조금 이해가 되었다.

내가 좋아하는 아이의 모습만 간추려 소중하게 담아 놓은 기억 상자에서 빠져나와야 했다. 그리고 내 앞에 있는 아이를 찬찬히 다시 알아 가야 했다.

낮에는 여기저기를 돌아다닐 테고 어두워지면 차에서 끝없는 수다를 하다가 잠들겠지 싶었다. 요즘 대세가 차박이라는데 달리다 보면 <여기가 차박지!>라는 딱지라도 붙은 명당을 만나게 될 줄 알았다. 그러나 첫 여행을 경험으로 재빠르게 현실 앞에 무릎을 꿇었다. 종일 아이와 신경전을 하고 멈추지 않는 수다를 견디는 것만으로도 벅찼다. 나도 아이도 느긋하게 장소를 찾아다니며 여유를 부릴 수 있는 컨디션이 아니었다.

그래서 피하고 싶었던 캠핑장을 이용하기로 했다. 몸이 지치는 저녁 무렵 거처가 정해져 있다는 안정감이 좋았고, 전기와 화장실도 우리 수준에는 옵션이 아니었다, 필수였다. 따끈히 바닥을 데워 주는 전기장판이 있으니 밤사이 새우가 되어야 하는 일도, 눈앞에 화장실 불빛을 보면서 아침까지 꾹꾹 눌러 참아야 하는 일도 다시는 하지 말아야지.

다섯 시인데도 벌써 캄캄했다. 겨울이기도 하고 주변에 인공적인 빛이 없어 그럴 것이다. 동네 밤산책 때는 볼 수 없는 검은색이다. 정말 깨끗한 검은색. 이 색 안에 있는 우리 공간은 앉으면 온전히 허리를 펼 수 없고 앞뒤로 이동할 때마다 '윽' 소리가 났지만, 땅속 아주 깊은 곳에 촛불을 밝히고 있는 개미네 집 방 한 칸처럼 아늑했다. 주로 누운 채로 쉬거나 아이와 수다를 나누다 잠들 곳이니 자잘한 불편함보다 집을 떠나 새로운 공간이 주는 신선함만으로도 만족도가 컸다.

'니가 원하지 않는, 나만 좋은 곳에 자리를 잡았으니 나도 양보를 해야지. 하고 싶은 수다를 마음껏 해 봐. 흘려듣지 않고 집중해 볼게.'

집에서는 쏟아 내는 아이 말에 집중하는 것이 어렵다. 한때는 아이 입에서 소리가 나오길 간절히 기다렸음에도 말이다.

'나를 불러 줘. "엄마"라고 불러 줘. 그럼 더 바랄 게 없어.'

그때 그 마음을 되새겨 보지만 삼십 분, 한 시간, 두 시간이 지나도록 쳇바퀴를 도는 아이의 말은 결국 나에게 포기를 가르친다.

"이제 그만. 우리 이제 자자. 엄마 너무 피곤하다."

작정하고 들으면 그 고리를 끊거나 새로운 물꼬를 틀 수 있을 줄 알았는데 조금도 벗어나지 못하고 백기를 들었다.

"희랑아, 내일 등산하기로 했던 거 기억하지? 아침 먹고 등산 가는 거다. 잘 자."

톡 건드리면 바스러질 것 같은 창에 낀 얇은 성에 너머로 오렌지 그라데이션이 시작되고 있었다.

'봐야 해. 이건 꼭 봐야 해.'

구부정하게 수그려 앞자리로 넘어와서 커피를 탔다. 마음 같아서는 밖을 걸으며 마시고 싶었지만 그러기엔 몸이 너무 굳어 있었다. 모닝커피에 온몸을 녹이며 조금 있으면 일어날 아이와 함께 오를 등산로를 찾는데 검색으로는 찾기가 어려웠다. 사방을 산으로 둘러싸인 이곳에서 정말 뚫린 길이 없는 건가? 아니면 못 찾는 건가? 아이와 함께 캠핑장 주변을 한참 돌러보아도 찾을 수가 없어 결국 마을 산책을 했다. 한 명은 아쉽고 한 명은 웃음이 살짝 도는 아침이었다.

이번 여행을 준비하며 여기저기 들르고 싶은 곳이 많았다. 아이에게 여러 곳을 제안하고 <김유정 문학촌>으로 결정했다. 당연히 동물이 있는 곳을 고를 줄 알았는데 이 또한 나의 예상을 완전히 벗어난 결정이었다. 아쉽게도 코로나가 심해진 탓에 문이 닫혀 작은 기차역과 한옥을 둘러보며 주변을 걷는 것으로 대신했다.

"희랑아, 한옥이 참 보기 좋다. 이 동네 너무 예쁜 것 같아. 멀리 산도 있고."

그런 나에게 갑자기 아이가 짜증을 내기 시작했다.

"아! 엄마. 보지 마세요. 보지 마, 보지 마. 보지 마세요."

"뭐? 갑자기 무슨 소리야. 보지 말라니?"

"한옥 보지 마. 보지 마세요."

조금 걷다 내가 고개를 산을 향해 돌리니

"아! 엄마, 엄마. 산 보지 마. 보지 마."

길가에 있는 돌멩이만 보아도

"엄마! 엄마! 보지 마세요. 보지 마요."

내 시야를 오직 정면으로 향하도록 고집하는 아이. 전에 없던 행동이라 좀 당황스러웠지만 크게 반응하지 않았다. 나의 반응이 아이의 문제 행동 강화에 엄청난 영향을 미친다는 것을 잘 알고 있기 때문이다.

말이 트이기 전, 아이는 마트에 들어서면 작정한 듯이 사고를 만들었다. 멀리 있는 아이에게 굳이 달려가 서슴지 않고 등을 내려치거나 물건 하나를 집어 들어 바닥에 내팽개치기도 하고 가만히 서 있는 마네킹을 쓰러트려 깨트린 일도 있었다. 그 모습을 눈앞에서 지켜보던 나는 기겁을 하며 아이 부모와 직원에게 사과하느라 넋이 나갈 지경이었다. 당시에는 말을 할 수 없는 아이가 찾은 의사 표현 방법이라고 이해했었다. 이유가 있겠지. 도대체 그게 뭘까를 고민했었다.

점점 커지는 사고가 감당하기에 버거워지면서 아이와 마트 동행을 잠시 쉬었다. 그리고 오랜 시간 곱씹어 생각한 끝에 아이의 행동을 이해하게 되었다. 놀란 사람들의 시선이 자신에게 모이는 것과 정신없이 수습하던 나의 모습을 즐기기 위함이었다. 아이는 놀이를 했던 것이다. 엄마의 반응과 주변의 시선을

"아유 잘하네. 아유 예쁘네." 우쭈쭈 해 주는 그것과 구분 짓는 힘이 아이에게는 없던 것이었다.

지금처럼 이 행동이 맞아요? 아니에요? 라고 두드려 보는 아이에게는 무반응이 답이다. 곧 스스로 알게 된다.

'아, 이건 재미가 없네. 하지 말아야겠다.'

식당 앞을 지나면서 굳이 밥을 먹지 않겠다는 아이는 차로 가고 혼자 점심을 먹었다. 식당 아주머니께 등산로를 여쭤보고 옳거니! 든든히 채우고 산에 오를 생각에 설렁탕 한 그릇을 뚝딱 비웠다. 그렇지 않아도 휴관이라 김이 빠졌는데 등산이라도 하면 여행이 알차질 것 같았다.

"희랑아, 내려 봐. 저 길로 가면 등산로가 나온대. 아침에 못했으니까 여기서 하자."

못마땅함에 퉁퉁 부은 아이를 옆에 끼고 힘차게 걸었다. 시골길은 이래서 좋다. 생김새가 모두 다르다. 흙이 있고 물이 흐르고 산도 보이지만 똑같이 생긴 길이 하나도 없다. 열의를 가득 채우고, 꼭 등산로 초입처럼 생긴 길 위에 멈추었다. 그리고 앞에 쓰여 있는 큼지막한 글씨를 읽고 또 읽었다.

≪등산로 아님. 돌아가시오.≫

얼굴이 환해진 아이와 돌아오며 다시 맥이 풀렸다. 백운산처럼(영종도에 있는) 산마다 여기저기로 나 있는 길을 훤히 알아야 아이와 자유롭게 다니겠는데 이렇게 번번이 막히니 등산 동호회라도 찾아봐야 하나 싶었다. 그나저나 밥은 왜 먹은 거야. 늘어져 있는 애꿎은 똥배만 두들겼다. 그러는 동안에도 <아무것도 보지 마> 고문은 계속됐다. 안 되겠다. 얼른 마트로 가자. 이러다 머리가 터져버릴 것 같으니.

질리도록 많이 해서 나에게는 새로울 것이 없는 마트 구경을 한참 하고 식당에서 저녁까지 먹고 나니 이미 해가 숨은 뒤였다. 어두워지기 전에 캠핑장에 들어가야 마음이 편했지만 하는 수없이 이것도 적응해야 할 내 몫이다. 굽이굽이 산길 야간 운전. 딱 라이트 영역만큼만 간신히 볼 수 있었던 그 길을 생각하면 아직도 손에 땀이 난다. 유난히 산속으로 한참 들어간 캠핑장이었는데 먹물 같은 밤에 그동안 스치며 보았던 몇 안 되는 공포 영화들이 곧 현실이 되어 닥칠 것만 같아 가슴에서 방망이질했다. 아이가 겁을 먹고 더 여행을 싫어하게 될까 봐 선심 쓰듯 먼저 핸드폰을 해도 된다고 허락해 주었고 자폐 증상 중 하나인 외부 차단 효과가 고맙기까지 했던 순간이었다. 아이까지 불안해했다면 후…. 어디라도 들이받았을 것이다.

느지막이 도착해서 고치를 만들 듯 차를 재정비했다. 사방 유리창을 가리고 전기장판과 히터를 약하게 돌리면 고치 안에 들어 있는 애벌레가 이런 편안함을 느낄까.

그 안에서 우리는 불편하기 짝이 없는 자세로 물을 끓이고 라면에 부어 야식을 즐겼다. 테트리스를 하듯 짐을 이리저리로 옮기고 목도 허리도 제대로 펴지 못했던 그곳이 지금서 돌아보면 뭐가 그리 재미있었는지…. 다시 하는 것은 사양하고 싶지만 애틋한 추억이다.

다음 날, 나를 바짝 긴장하게 했던 그 길을 돌아 내려오면서 헛웃음이 나왔다.

'뭐야, 여기서 내가 그렇게 쫄았던 거야! 이 풍경 안에서!'

코너를 돌면서 시작된 저수지에서는 "우리 잠깐 걷다가 갈까?"하고 물었다가 단번에 거절당했다. 오르락내리락을 반복하면서 까꿍! 하듯 맞아 주는 풍경을 보며 도저히 참을 수 없어 잠시 차를 세웠다. 담을 수 없다는 것을 알지만 그래도 찰칵. 길을 재촉하는 아이만 아니었다면 기꺼이 시간을 들여 더 머무르고 싶은 자연이었다.

계획했던 일들이 연거푸 엎어지고 아이는 아이대로 짜증을 높이는 여행이었다. 여행을 통해서 너무 많은 꿈을 꾸었나 보다. 아이 마음이 안정되길 바랐고, 소박한 대화를 나누길 바랐고, 자연을 벗삼아 즐겁길 바랐다. 그러다 어느 날은 자연 속에서 함께 그림을 그리고 집에서처럼 학습도 하는 모습을 상상했었다.

꿈이 너무 과했다. 어떤 것부터 빼야 할지 아직은 뒤죽박죽이지만 다시 한번 <내려놓음>의 수를 써야 할 때인 것은 분명하다.

'참 쉽지 않구나.'

데일리랜드 캠핑장 ★★★☆☆

◦ 화장실 양호(상), 이날 온수 고장으로 따뜻한 물을 못 씀

◦ 캠핑장을 나와 주변으로 산책 가능

◦ 캠핑장 시설 이용하지 않고 차박으로 잠만 자고 옴

1박, 3만 5천 원

늘솔길 캠핑장 ★★★☆☆

◦ 산길로 한참 들어감. 필히 해 있을 때 갈 것

◦ 화장실 시설 오래됨(중)

◦ 캠핑장 시설 이용하지 않고 차박으로 잠만 자고 옴

1박, 3만 5천 원

반가운
ㅈ020210217 불장난

3
용인
나 일하기 싫어요

2020.12.21-23 · 월-수

차박 여행은 간편해서 좋지만 잠시 차 밖에서 쉬거나 간단한 음식을 먹는 것에 아쉬움이 있었다. 그래서 세 번째 여행을 준비하는 동안 쉘터 텐트를 장만했다. 줄이고 줄여도 빽빽한 짐차 신세를 면하지 못할 테지만, 캠핑장에 머무르며 등을 세우고 앉는 쪽을 택했다.

이번 여행에서 텐트를 친다고 하니 아이도 신이 났다. 게다가 비교적 가까운 거리이고 본인이 아는 곳을 두루 다닐 것이라 예상해서인지 비교적 출발이 순조로웠다.

그러나 아이의 수다는 단단히 각오를 해도 여전히 쉽지 않다.

"엄마." "응." / "엄마." "그래." / "엄마. 엄마." "응. 엄마 듣고 있어." / "엄마. 엄마. 엄마." "어. 나 잘 듣고 있어. 말해."

외에도 여러 가지 버전이 있지만, 아이가 원하는 대답이 무엇인지는 아직도 모르겠다.

엄마 부르기 수십 번을 마치고 들쑥날쑥한 주제로 대화를 나누던 중 아이가 말했다.

"우리 용인 여행 가는 중이야."

"그럼. 우리 용인으로 여행 가고 있잖아."

"할머니네 가는 거 아니야."

"아! 가는 길이 비슷하지? 용인이 동탄이랑 가까워. 그래서 가는 길이 비슷해. 우리 여행 가는 거 맞아."

길눈이 무척이나 밝은 아이다. 할머니 댁을 오가며 보던 큼지막한 건물들이 계속 겹치자 혼란스러웠나 보다. 그래도 그것을 이렇게 말로 하다니, 뭐라 표현하기 어려운 감정이 스쳤다.

에버랜드는 친구들과 함께 내년 4월에 가야 한다고 해서 이번에는 민속촌만 들르기로 했다. 작년에 복지관에서 민속촌으로 가족 나들이를 왔었는데 그 기억이 좋았나 보다. 아이들과 엄마들이 대형 관광버스를 타고 함께 했던 나들이였다. 아이는 다녀온 후에도 큰 버스 타고 친구들이랑 여행을 가고 싶다며 한동안 노래를 부르듯 했었다.

기관에서 추진해 주지 않았다면 내 아이가 이런 경험을 어떻게 할수 있었을까. 나는 장애인을 키우는 부모로서 내가 해 줄 수 없는 이런 도움을 받는 것에 진심으로 감사하다.

그러나 전에는 공감하지 못했다.

어느 날 동물원에서 단체로 온 장애인을 봤을 때

'왜 굳이 더 도드라지게 여럿이 모여 다니는 걸까, 가족은 뭐하고?'

마음 가는 대로 생각했었다.

지금 돌아보면 얄팍한 시각으로 가졌던 생각이 말할 수 없이 부끄럽다. 그들은 단지 친구들과 함께 동물원에 왔을 뿐이다. 아장아장 아기 때야 아빠, 엄마가 최고지만 초등학교만 가도 친구에게 순위를 밀리는 것이 자연스러운 일이고 수도 없이 함께 했던 사람 말고 새로운 사람, 특히나 그게 친구라면 얼마나 즐거운 일인가! 그 즐거움을 아는 지극히 평범한 사람들이었다. 또 장애인 가족에게 아이와 분리되어 있는 잠깐의 숨통이 어떤 의미의 절실함인지 이제는 절절히 느끼며 살고 있다.

용인에 도착해서 간단히 장을 보고 캠핑장으로 들어갈 참으로 이마트에 갔다. 대형마트 세 곳 중 들르는 순서는 아이가 정하는데 요즘은 이마트가 1번이다. 그토록 물릴 정도로 드나들던 롯데마트는 이제 마지막이 됐다. 나 말고는 아무도 관심조차 없을 테지만 이런 소소한 아이의 변화를 읽는 것이 나의 즐거움 중에 하나다.

대부분은 주차장에서부터 각자 볼일을 위해 따로 움직이거나 마땅히 볼일이 없으면 나는 차에서 기다리는데 가끔은 혹시나 하는 노파심에 아이 뒤를 몰래 따라간다. 오늘이 그날이다.

아이는 좁은 통로 안에서 지나가는 사람들과 닿지 않으려 반대쪽으로 몸을 붙였고, 동생들이 장난감을 보고 있으면 멀찌감치 떨어져 있다가 아무도 없을 때가 돼서야 본인의 차례를 즐겼다. 다른 사람의 카트와 슬쩍 부딪혔을 때 "죄송합니다."를 반사적으로 말하는 기특함도 보였다.

비록 160cm가 넘는 덩치에 아가들이 볼 법한 벽 그림을 보면서 흥얼거린다거나 본인도 어쩌지 못하는 중얼거림, 상동 행동이 나올 때는 주변 시선을 끌기도 했다.

나는 이 시선이 그저 '낯섦'일 뿐 혐오나 불편함이 아님을 믿기에 괜찮다. 나의 기준으로 시선은 자극에 반응해 잠시 눈길이 가는 것을 의미한다. 동선에 고개가 함께 돌아가며 끝을 모르고 아이를 쫓는 것은 시선이 아니다. 무례를 넘어선 폭력이다. 나의 경험에 전자의 경우가 대부분이라 괜찮은 것인지도 모르겠다.

사실이 무엇이든 나에게 이로운 쪽으로 긍정적인 판단을 하는 버릇이 이 아이를 키우는데 적잖게 도움이 된다. 마음이 그렇게 먹히지 않았다면 아이를 내어놓을 수 없었을 것이다.

"희랑아, 여기서 캠핑장까지 10분 걸려. 엄청 가깝지?"

"우아. 캠핑장은 도시야. 엄청 가까워."

장을 보고 나오면서 나눈 대화에서 한 번 더 확인했다. 거리구나. 지난 여행에서 캠핑장으로 들어갈 때 눈물을 보이고 불안해했던 이유가 단지 산속이어서가 아니었다. 당분간은 참고해서 일정을 짜야 했다.

캠핑장에 도착하니 이미 텐트들이 빼곡했다. 다행히 비어 있는 장박 텐트들이었고 코로나 2.5단계이었던 터라 주인 얼굴조차 볼 수 없었다. 운이 좋아 3일 내내 조용한 시간을 보냈다.

텐트를 치고 짐을 내리고 장작을 피우니 이미 어두웠다. 5시만 되도 밤인 것 같이 캄캄해서 스무 시간짜리 하루를 사는 것 같은 계절이다.

저녁을 준비하는 동안 아이는 유튜브를 봤다. 원래는 각성 조절 문제로 평일 동안은 미디어 사용을 못하게 하는데 강제로 시작한 여행에서 그래도 뭐 한 가지 나도 양보를 해야 했다. 영종대교든 인천대교든 톨게이트를 지나면서부터 한 시간, 저녁에 한 시간, 집에 돌아오는 길에 한 시간. 아이가 가지고 있는 강박이 이럴 땐 참 유용하다. 잔소리하지 않아도 시간을 철저하게 지킨다.

같은 공간에 있으면서 아이가 유튜브를 보니 좋은 점도 있었다. (각성이 너무 올라가는 게임은 허락하지 않아 유튜브만 볼 수 있다.)

어떤 채널을 보는지 파악이 되고, 평소 하던 말들이 어디서 온 것들인지도 알게 되었다. 특히나 신이 나는 장면은 나에게 화면을 들이대며 함께 보길 권하는데 이런 행동도 여행에서만 볼 수 있다. 핸드폰을 할 때는 방에 들어가 누구도 못 들어오게 하는 아이가 바뀐 환경에서는 아쉬운 대로 마음을 열기로 했나 보다.

잠들기 전까지 세 시간 정도 대화를 했다.

우리 대화는 반복이 99%다. 좋아하는 음악 선생님을 스무 살에 찾아가서 만날 것에 대해 열 번 정도 반복, 유튜브에서 본 몇 가지 상황을 열 번 정도 반복, 이번 달 공동육아는 무슨 요일, 무슨 내용인지 열 번 정도 반복, 다시 음악 선생님으로 돌아가서 열 번 반복. 이렇게 어제도 오늘도 내일도 반복.

평생 끝날 것 같지 않은 이 반복 때문에 어떤 날은 차라리 나도 장애가 있었으면 좋겠다는 생각이 들 정도로 고통스럽다. 반복이 주는 치가 떨리는 정신적 고통을 느끼지 못하는 장애인. 그 정도는 되어야 깜냥이 맞는 게 아닐까! 아이의 소리가 날카로운 송곳이 되어 수도 없이 가슴을 찌르지만 나는 그 부상 중에도 어느 때보다 더 이성적이고 교육적이어야 한다. 나에게 주어진 이 불공평한 상황이 때로는 원망스럽고 그보다 더 많이 의지하며 묻고 또 묻는다.

"하나님, 제가 어떻게 할까요? 저 어떻게 하실 건가요?"

제법 늘어지게 자고 여덟 시쯤 일어났다. 아이는 팬케이크를 만들어 먹고 나는 스크램블과 커피로 아침을 해결했다. 간단한 음식이지만 아이가 스스로 만들어 먹는 것이 나에겐 너무나 큰 기쁨이다. 요리만이 아니라 마트에서 물건을 사는 것, 빨래를 너는 것, 샤워하는 것, 산책하는 것 등등 12살 또래에겐 손쉬운 일들이고, 첫 아이가 더 어린 나이에 더 똑 부러지게 해냈을 때도 말할 수 없는 기쁨이었지만 그것과는 다른 감사다.

내가 없어도 괜찮겠구나. 내가 죽기 전에 가르쳐야 하는 수십에서 수백 가지 목록 중 하나를 지운 것 같은 안도감에서 오는 감사이다.

그렇게 단출하지만 뿌듯한 아침 식사를 마치고 민속촌에 갔다. 출발 전 아이는 늘 그래 왔듯이 이미 머릿속으로 동선을 짰을 것이다. 민속촌 지도 위에서 처음엔 여기, 그다음엔 저기, 이쪽 길로 가서 다음, 또 그다음.

계산이 훤하게 들여다보이는 아이에게 "오늘은 엄마가 가고 싶은 길로 갈 거야!" 큰소리를 쳤다. 평소라면 이 대목에서 짜증이 훅 올라왔겠지만, 군소리가 없었다. 자기를 보라며 운전 중인 엄마 얼굴을 잡고 돌리는 바람에 크게 혼이 났던 터였다. 민속촌 한 바퀴를 돌 동안 엄마 손을 잡지도 말을 걸지도 말라고 했으니 어느 길로 걷는 것 따위가 뭐 그리 대술까. 불안해 죽겠는데.

<엄마가 말을 안 하는 것>은 아이에게 가장 치명적인 약점인 동시

에 나에겐 가장 강력한 무기다. 아이는 나와의 대화나 호응을 통해서 마음의 안정을 찾는데, 그게 없어지면 극도로 불안해한다. 훈육할 때도 큰 소리를 내는 것보다 말을 하지 않는 방법이 훨씬 효과적이다.

육아에 있어서 언성을 높이지 않고 평정심을 유지하는 것은 닥터 스트레인지가 받았던 수련과 견주어도 절대 밀리지 않을 고강도의 정신 수양이 동반되는 일이다. 단언컨대 이 육아를 마치면 나도 불꽃 튀는 원을 그릴 수 있을 것 같다. 재야의 어떤 이들은 이미 그리고 있을지도 모를 일이다.

정문에서부터 제일 안쪽 끝자락에 있는 주막까지 우리는 그 상태였다. 안 그래도 추운 겨울날 찬바람이 쌩. 그렇게 주막을 돌아서는데 아이가 말했다.

"엄마, 잠깐! 잠깐만!"

"……"

"이것 좀 봐. 엄마가 좋아하는 아메리카노야. 카페 떼라, 녹차 떼라도 있네? 엄마, 커피 마시자."

몇 발짝 지나온 현수막으로 뛰어가 급하게 읽어 내려가며 어떻게든 이 불편함을 모면해 보려는 아이를 보고 웃음이 터져버렸다. 분위기에 따라 엄마 기분도 맞추려 노력하는 기특한 아들이다. 단지 이 순간이 지나가면 금세 기분파로 돌아가니 참 환장할 노릇이다.

지난 여행에서는 아무것도 보지 말라며 짜증을 내더니, 이번에는 다른 앞뒤 없는 말로 나를 괴롭혔다.

"스무 살부터 일 안 할 거야!" "스무 살부터 일 안 할 거야!"

거한 짜증과 함께 작정한 듯 같은 말을 되풀이했다. 들어 주고 설명하고 달래도 보았지만, 그냥 짜증이 내고 싶은 아이에게는 어떤 말도 도움이 될 리 없었다.

"엄마, 스……"

"하지 마! 일 안 해도 돼! 그니까 그 얘기는 그만해!"

"엄마, 스……"

"희랑아, 제발!"

아름다운 여행은 온데간데없고 머리가 곧 깨지겠구나 싶을 쯤이면 저절로 "제발!" 소리가 나온다.

"아무것도 보지 말고 나만 봐!"도 "스무 살부터 일 안 할 거야!"도 집으로 돌아오면 하지 않는다. 이럴 때는 정말 몸 안에 피가 말라가는 느낌이다.

그래도 다 봤으니 그만 나가자는 아이에게 반 바퀴만 더 돌고 나가자는 제안을 했고, 씩씩거리며 걷긴 했지만 끝까지 함께 걸어 준 아이에게 고마웠다. 그 고마운 마음 때문에 우리의 규칙이 또 한 번 깨지긴 했지만 말이다.

아이에게 있는 아토피가 심해진 이후로 수시로 먹던 햄버거를 일요일 예배 끝나고만 사 주었는데, 배가 고프고 햄버거가 먹고 싶다는 아이에게 뭐에 홀린 듯 오케이를 해 버렸다. 햄버거를 먹으면서 아이가 "일요일에 한 번, 여행에서 한 번. 이렇게 햄버거 먹는 거야."란다. 이렇게 기가 차게 머리를 쓰는 아이를 대하다 보면 문득 장애인이라는 사실을 잊기도 한다. 비록 번번이 대차게 뒤통수를 맞지만 말이다.

다음으로 마트에 갔다. 홈플러스로 가고 싶단다. 여느 때처럼 각자 볼일을 보고 내가 먼저 차로 돌아왔고 조금 지나 아이에게서 전화가 왔다.

"엄마, 옆에 롯데마트가 있어요. 다녀올게요."

"가는 건 좋은데 엄마한테 들러서 조끼는 입고 가자. 밖으로 나가면 추워."

지도를 검색해 길 하나 건너에 마트가 있는 것을 확인하고 아이를 보냈지만, 캠핑장으로 돌아갈 때 알았다. 그 길이 엄청나게 큰 도로였다는 것을. 심지어 건널목이 없어 멀리 돌아 육교로 건넜어야 했다는 것을.

"희랑아, 이 길을 건너서 롯데마트에 갔던 거야? 이 육교로 지나서?"

"네."

아뿔싸. 나 조심해야겠구나. 그렇지 않아도 아이를 혼자 내보내면서 걱정이 많은데 이번에는 기특함보다 무모함이 느껴졌다. 근래에

종종 느끼던 것, 아이는 혼자 할 수 있는 것들이 늘면서 겁이 없어졌다. 이럴 때 사고가 나지 않도록 바짝 긴장해야 한다.

아이가 동네에 있는 치료실을 혼자 다니기 시작했을 때 긴장감에 숨이 찰 정도로 뛰어 집으로 돌아왔었다. 한눈을 파는 법이 없었다. 그래서 숨어 살피는 일도 그만두었다. 그런데 점점 돌아오는 시간이 늦어지더니 어느 날 전화가 왔다.

"어머니, 전 출근 전인데요. 희랑이가 센터 문 앞에서 계속 문을 열어달라고 흔들고 있나 봐요. 옆에 블록방 선생님이 데리고 있다고 합니다."

오는 길에 있던 전에 다니던 센터 건물에 들어가 그 소동을 벌이고 있었던 것이다. 다른 날도 여기저기 건물 안을 둘러보며 다니느라 도착 시각이 점점 늦어졌던 것이었다.

이렇게 아이의 일탈이 생길 때 내 육아에 브레이크가 걸린다. 아이를 혼자 내보내기까지 셀 수 없을 만큼의 연습이 있었다. 누구보다 부지런을 떨어가며 공들여 가르쳤다.

하지만 어느 외진 곳에서 누구한테 맞기라도 하면 어떡하지, 불편한 행동으로 사람들한테 심한 욕이라도 먹으면 어떡하지, 아이가 혼자 대처는 할 수 있을까… 상상이 만들어 내는 공포는 줄어들지 않는다.

그럼에도 불구하고 나는 모든 불안함을 끌어안고 내일도 혼자 나

간다는 아이를 허락할 것이다. 그게 이 아이가 살아가야 할 세상이기 때문이다. 내 품이 아니라.

　캠핑을 하면서 좋은 것 중의 하나가 화로를 피우는 것이다. 아이는 종이가 생길 때마다 부지런히 가져다 넣는다. 소소한 놀거리가 생긴 거다. 종이가 부족하니 내일은 마트에 가서 좀 사 와야겠다는 아이를 보면서 또 한 번 웃는다.

　나야 콩깍지가 단단히 씌었으니 한없이 예쁘다. 내가 아닌 어떤 사람의 눈에도 이 아이가 그렇게 보일 수 있을까. 그런 친구를 만나고 사랑하는 연인을 만나고 원한다면 가정을 꾸리고 아이도 키우는 그런 행복이 아이에게도 찾아와 줄까. 유난히 아이를 예쁘게 비춰 주는 반쪽 달 아래서 오늘도 기도한다.

이 아이를 지켜달라는 늘 같은 기도

　아직은 아이가 여행 셋째 날을 즐기기보다 일어나면 서둘러 집으로 돌아가길 원한다. 며칠을 더 있다가 가도 아무 문제 없으련만…. 마음 그릇이 커지면 일주일, 한 달 여행도 함께 하는 날이 오겠지.

　해야 할 것이 많고 하고 싶은 것이 많으니 감사하자.

봉봉 캠핑장 ★★★☆☆

◦ 도심과 가까워 이동이 편리함(대형마트와 약 10분)

◦ 화장실, 개수대 상태(중)

2박, 8만 원

틱을
멈추는
마법 ㅈ020210228

4
가평
번번이 놓치는 가장 기본적인 것들

2021.1.4-6 · 월-수

    아이는 공휴일과 주말에만 미디어를 사용할 수 있다. 평일 시간을 쪼개서 이렇게도 저렇게도 해 보았지만, 각성 조절이 되지 않아 횟수를 줄이고 시간을 몰아서 하는 방법으로 하고 있다. 두 시간 게임을 하면 정점을 찍은 각성이 돌아오는 데 똑같은 두 시간이 필요한 아이다. 일상으로의 복귀가 그만큼 더디다는 의미다.

    이런 아이가 1월 1일, 토요일, 일요일을 연달아 핸드폰을 하면서 문제가 터졌다. 그렇지 않아도 틱장애가 심해지고 있었는데 미디어를 연거푸 하면서 불씨를 키운 꼴이 돼버렸다.

게다가 방에 꼭꼭 숨어서 게임을 하는 아이에게 남편이 기름을 부었다. 방문을 갑자기 열고 "희랑아, 달걀밥 해 줄까?" 해 버린 거다. 남편의 돌발이 어떤 이유인지는 너무나 잘 안다. 함께 마트를 가기로 한 시간이 한 시간 남았고, 오전 내내 굶은 아이가 마음에 쓰여 그저 밥 좀 먹이고 싶었던 거다. 얼마나 평범하고 되레 고마운 마음인가.

그러나 우리 집에서는 절대로, 특히나 아빠가 그래서는 안 되는 행동이었다. 한 달 전만 해도 아빠와 엄마가 대화하면 눈물을 뚝뚝 흘리며 방에 숨어버리거나 엄마를 자기 방에 데려다 놓아야 마음이 놓이던 아이였다. 학교를 중단하고 가족이 모두 아이 심리 안정에 애를 쓰면서 최근에서야 아빠에게 마음을 아주 조금 열기 시작한 그런 단계였다.

그리고 문은 자폐 아이들에게 늘 불안의 대상이다. 문이 열리면 예측할 수 없는 변화가 생기기 마련인데, 그 갑작스러운 상황들이 아이는 어려운 것이다. 절대 먼저 움직여서는 안 되는 방문이 열려 버렸고 설상가상으로 나타난 사람이 아빠였다. 그러더니만 엉뚱하게도 웬 밥 얘기다. 난 지금 엄청 즐겁게 게임을 하던 중이었는데 말이다.

한겨울에 제대로 찬물을 뒤집어쓴 아이가 폭발했다. 방문을 열었다 닫았다, 잠금장치를 잠갔다 풀었다, 거실과 자기 방을 오가며 소리를 지르고 울어 댔다.

'어떻게 저런 행동을 하지? 몇 년을 한집에서 살았는데, 몰라도 어쩌면 저렇게 모를 수가 있는 거지?'

결국, 지금껏 그래 왔듯 내가 정리를 해야 했다. 아이를 데리고 아이 방으로 들어가 침대에 나란히 앉았다.

"희랑아, 울어. 엄마가 기다릴게."

그렇게 한참, 엄청난 틱과 함께 힘겨운 듯 숨을 몰아쉬며 울던 아이가 안정을 찾기 시작했다. 달리 도울 방법이 없는 나는 그런 아이 곁에서 이때마다 찾아오는 가슴 찢어지는 고통을 한 번 더 느낄 뿐이었다. 틱은 아이를 끌어안았을 때 내 몸을 함께 흔들어 댈 만큼 강했다.

"희랑아, 아빠가 갑자기 들어와서 놀랐지? 이제 그런 일 없을 거야. 엄마가 아빠한테 말할게. 걱정하지 마. 그리고 희랑아, 몸을 봐. 어때?"

"흔들리지."

"맞아. 많이 흔들려. 그런데 왜 흔들려?"

"게임을 해서 흔들리지."

"맞아. 그래서 그래. 그러니까 희랑아, 2주 동안만 게임을 쉬어 보자. 종이 가방에 넣어서 팬트리에 뒀다가 18일 여행 갈 때 다시 꺼내자."

"안 돼요. 안 돼. 너무 재밌는데!"

한 번 더 오열했지만 기특하게도 내가 가져온 종이 가방에 핸드폰과 게임기를 스스로 넣었다.

"희랑아, 여기 봐. 여기다 놓을게. 잘 보이지?"

아이 방 앞에 있는 작은 창고 안에 거기서도 문과 가장 가까운 쪽에 가방을 두었다. 꺼내기 쉬운 자리에 있어야 아이 마음이 안정될 것을 알기 때문이었다.

이런 소동을 겪고 다음 날, <두 밤 여행> 중 평일이지만 핸드폰을 잠깐씩 할 수 있었던 달콤함도 반납한 채 천근만근 되는 무거운 마음을 싣고 가평으로 출발했다.

'이 여행 정말 괜찮을까. 처음부터 없었으면 모를까, 이 불안함을 어쩌면 좋지.'

책을 좀 챙기래도 싫고, 미술 재료를 좀 가져갈까 물어도 절대 안 된다며 거부하고, 중간에 들른 마트에서 놀거리를 사자 해도 오늘은 아니란다.

돌아가는 모양새로 보아 나는 오늘 제정신으로 잠들긴 틀렸다. 아이는 잠드는 마지막 순간까지 나의 구석구석에 못 질을 할 것이 뻔하다. 오늘 밤은 몇 시간을 버틸 수 있을까.

캠핑장에 도착하니 4시가 조금 안 됐다.

"엄마, 텐트 쳐 주세요." "엄마, 여기 침대 꺼내 주세요." "엄마, 화롯불 피워 주세요." "엄마, 배고파요. 핫케이크 해 먹을래요." 이후에도 아이의 요구는 끝이 없었다. 조바심을 부리는 아이를 달래가며 피칭을 끝내고 저녁 준비를 시작했다. 아이는 그사이 대강 구어 놓은 핫케이크를 옆으로 밀어 놓더니 베이컨을 구어 달랜다. 조금 전 장 볼 때 사 온 닭강정과 소고기는 먹을 생각도 없다. 요 며칠 이런 식이다. 기꺼이 먹을 것처럼 굴다가 차려 놓으면 무슨 심보인지 안 먹겠다며 버리란다. 이래서 지난번 캠핑 때에도 좋아하지도 않는 고기를 이틀에 걸쳐 억지로 먹다가 결국은 버렸다. 이번에 사 간 소고기는 한 조각은 내가 먹고 두 조각은 정성껏 구어 길고양이들에게 내줬다.

'그래, 너희들이라도 맛있게 먹어.'

식사 후 정리를 하니 8시. 그래도 지금까지는 무언가를 하며 곁들이는 수다였고, 지금부터 본격적인 인내의 시간이다. 그나마 둘이 있을 때는 들어 주기가 좀 수월하다. 남편이나 딸이 싫은 소리를 하거나 눈치를 주는 것도 아닌데, 왜 나는 아이가 뒤집힐 때마다 다른 가족이 신경 쓰이고 몸에 바짝 힘이 들어가는지 모르겠다. 어쩌다 남편 얼굴에서 언짢은 표정이라도 읽히면 나를 향한 것이 아님을 잘 알면서도 스트레스가 몇 배로 훌쩍 뛴다. 그래도 여행 중에는 스스로 만드는 이런 몇 겹의 스트레스에서 벗어날 수 있으니 참 감사하다.

아이와 하는 대화 중에 특히나 힘든 부분이 몇 가지 있는데, 그중의 하나가 최선을 다해 듣고 대꾸를 하고 있음에도 잘 들으라며 조바심을 낼 때다.

"엄마, 친구들이랑 돗자리 펴고 피자를 먹으면 좋겠다."

"그래, 그래. 친구들이랑 돗자리 펴고 같이 먹으면 진짜 좋겠다. 진짜 맛있겠다."

"아. 엄마, 엄마, 엄마. 내 말 좀 들어 봐. 친구들이랑 돗자리 펴고 피자를 먹으면 좋겠어요."

"그래 맞아. 친구들이랑 먹으면 얼마나 맛이 있을까!"

"엄마~~~~. 대화 좀 하자. 엄마, 엄마, 엄마."

"엄마는 잘 듣고 있어. 엄마는 희랑이 말 잘 들어."

예를 들면 이런 식인데 그 반복적이고 다그치는듯한 "엄마, 엄마, 엄마"가 너무 힘들다. 이제는 가슴을 찍어 누르는 심한 고통도 동반된다.

그래서 부탁했다.

"희랑아, 엄마, 엄마, 엄마는 하지 말자. 그렇게 여러 번 부르면 엄마가 너무 힘들어."

그랬더니 신기하게도 들어 준다. 조금 있다가 습관적으로 다시 그 말이 나왔는데, "아 참. 안 하기로 했지."하며 고치려는 모습을 보였다. 그리고 횟수가 굉장히 줄었다. 그거 하나만 좀 줄었는데도 숨이 쉬어지는 것 같았다.

즐거웠다 짜증났다 롤러코스터 같은 대화가 세 시간 넘게 흐르고 11시가 넘어서는 영혼 없는 몸뚱이뿐이었다.

"희랑아, 엄마는 얘기 그만할래. 너무 피곤해서 못 하겠어.

이제부터 엄마는 대답 안 한다."

이렇게 선전포고를 했음에도 아이는 내가 들으면 좋아할 법한 얘기를 하거나, 걱정을 원하듯 엄청난 틱을 토해 내기도 했다. 아이의 노력을 알면서도 온 힘을 다해 무반응으로 일관한 이유는 나의 작은 반응 하나가 아이의 수다를 원점으로 돌릴 수 있다는 사실을 잘 알기 때문이다.

그렇게 바윗덩이를 가슴에 올려놓고 누워 있는데 남편에게서 메시지가 왔다.

"여보가 너무 고생이 많아서 마음이 아프네! 젠장."

남편이 던지는 이런 위로는 매번 눈물을 쏟게 한다. 나를 아는 사람이라서 일 거다. 옆에서 나를 늘 지켜보는 사람이라서.

"지금 여기 눈 와요. 아침에 쌓여 있으면 좋겠다."

"눈이라도 쌓여서 여보 마음이 좋아졌으면 좋겠다. 난 아까 나도 모르게 여보 편하게 해 달라고 기도했다가 깜짝 놀랐어. 난 무교인데."

"이러려고?"

"정은이 마음 편하게 해 주세요. 여기까지만 했어. 넘겨짚지 마."

함께 예배드리게 해 달라고 기도하는 사람 1번인데, 나를 위해 기도를 했다는 말에 깜짝 놀랐다. 그 사이 아이는 잠들었고 물기를 머금은 눈송이가 텐트를 두드리는 소리에 마음이 안정되어갔다. 꼭 하나님이 주시는 위로 같았다.

날이 완전히 밝기도 전에 새하얀 세상을 눈치챈 아이가 밖으로 뛰쳐나갔다. 청색을 살짝 타서 풀어 놓은 것 같은 이른 아침, 아직 아무 일도 일어나지 않은 하루의 시작이었지만 이미 몇 시간 전과는 다른 세상이었다. 가슴이 행복으로 뛰었다.

예전이라면 너무 당연하게 눈을 한 움큼 집어 들어 맛봤을 것이다. 먹지 못하게 하는 것은 상상조차 해 보지 못했고 내가 해 줄 수 있는 것은 그나마 깨끗한 눈, 손이 닿지 않은 눈을 골라 주는 일뿐이었다.

비가 오는 날에는 굳이 우산 따위 필요가 없었다. 어떻게 해도 쏟아지는 비를 온몸으로 받아내는 아이였으니까. 홀딱 젖지 않고는 집으로 들어가는 법이 없었다.

물을 워낙 좋아하고 충동 제어가 들쑥날쑥하던 시절, 하루는 누나 학교에서 사서 도우미로 봉사하는 날 아이와 동행했다. 나름으로는 홈스쿨을 하는 아이에게 학교도 보여주고 싶었고 책을 좋아하니 아이들과 섞여 있어도 크게 문제 될 일이 없을 것 같았다. 당시에도 혼자 산책하는 것과 휴대폰으로 소통하는 것이 가능했을 때라 점심시간처럼 자유로운 시간에는 잠시 도서관 밖으로 나갔다 오는 것도 허락했다.

그런데 갑자기 아이들 사이에서 소란이 일었다.

"어디야? 어디?" "변태가 나타났다고?" "응. 누가 연못에서 물놀이를 하고 있어!"

누가 알려주지 않아도 희랑이다! 내 아들!

달려 나가는 무리를 따라 함께 뛰었다.

"애들아, 아줌마가 갈게. 그러니 너희들은 교실로 들어가. 이제 점심시간도 끝나가니까."

"저희 연못으로 가는 거 아닌데요! 교실 가는 건데요!"

내 속도 모르고 얄궂은 녀석들. 연못에 도착하니 아무도 없었다. 다행이었다. 아이들을 교실로 올려보내고 다시 뛰었다. 도서관으로.

머리부터 발끝까지 홀딱 젖은 아이가 바닥에 한가득 물웅덩이를 만들고 우뚝 서 있었다. 그런데 젖은 아이보다 더 인상적인 아이가 옆에 있었다. 3학년쯤 되어 보이는 아이였는데 아이를 보고는 "엄마 어디 계셔? 엄마?" 주변에 아이들에게는 "너희들 그만 못 해! 선생님께 다 말한다!"하고 있는 그 여학생. 그 어수선한 상황에서 내 아이를 지켜주고 있던 그 여학생. 비록 쫓겨나듯 봉사활동을 마무리했지만, 그 빛나던 아이를 만났던 것이 너무 큰 선물 같았다.

그렇게 유난스럽던 아이가 지금은 찬찬히 소리에 집중하며 하얀 발자국을 만들고 있다.

'그래. 할 거면 지금 다 해. 나중에 덩치 커서 하지 말고.'

오직 그 생각으로 해소되길 바라며 지켜봤던 날들이 떠올랐다. 지금은 아닌 것이 얼마나 감사한 일인가. 이 아름다운 타이밍에 나보다 훌쩍 커버린 아들 녀석이 땅바닥에 드러누워 눈을 퍼먹고 있다면 과연 이 아침이 지금처럼 아름다웠을까! 그 모습이 눈에 그려져서 얼른 머리를 흔들었다.

아침을 먹으니 졸음이 몰려와 무슨 배짱인지 누워 버렸다.

"희랑아, 엄마 한 시간만 잘게. 10시 30분에 깨워 줘."

"네. 알았어요. 음. 그럼 난 뭘 보지? 난 뭘 볼까?"

능글능글 속내가 훤히 들여다보이는 녀석. 눈은 감기고 볼은 웃으며 마음은 오락가락, 그럼에도 입으로는

"안 돼. 엄마 컴퓨터 건드리지 마."

눈을 뜨니 10시 27분이다. 밖에서 아이 발걸음 소리가 점점 가까워지고 있었다.

"엄마, 일어났네. 10시 30분이에요. 산책 가자."

"그래. 한 바퀴 돌자."

"계곡 가자."

'이 녀석, 네가 어디서 오는지 딱 알겠다.'

캠핑장이 제법 넓었는데 가장자리로 계곡이 있었다. 얇은 얼음 아래로 흐르는 물소리가 너무 좋았다.

"와. 이렇게 좋은 데가 있었구나. 희랑이가 진짜 좋은 데를 잘 찾았네."

"엄마, 엄마, 멈춰! 엄마는 거기서 사진 찍어. 나는 돌 던지기 할게."

(평소에 자기 사진 찍는 걸 엄청나게 싫어하는 아이인데 여기는 자기 구역이란 것이다. 그러니 엄마는 내 구역 밖에 있으라는 얘기다.)

산속에 메아리가 울리도록 텅! 텅! 텅! 얼음이 만든 공간을 한 땀 한 땀 깨치며 아이가 신이 났다.

"갑자기 너무 재미있네!"

아이는 마음이 만드는 소리를 여과 없이 드러내며 크고 작은 바위를 건너다녔다. 눈이 와서 미끄럽기까지 했으니 균형을 잡으려 몸 여기저기에 힘을 실었을 것이다. 높낮이가 불규칙한 바위 사이의 공간을 헤집을 때면 평소 나올 리 없는 동작을 취하기도 했다. 얼음 위에 두 무릎을 꿇고 양손으로나 들릴 법한 묵직한 돌을 들어 내려치기도 하고, 주먹만한 구멍에서 시작해 계곡의 온 얼음을 깨칠 기세로 한 뼘씩 얼음 구멍을 확장해 갔다.

'처음으로 여행 중에 제대로 노는구나.'

그러다 알아챘다. 아이의 틱이 사라졌다! 분명 아침까지만 해도 애달프도록 온몸이 흔들렸는데 틱이 약해진 것도 아니고 전혀 보이지 않았다.

'이게 무슨 일이지? 뭐가 어떻게 된 거지?'

눈으로 보고 있는 것이 쉬이 정리되지 않아 머릿속이 복잡했다. 한껏 놀이에 심취해 있는 아이를 위해서라도 방해하고 싶지 않았지만 새빨개진 얼굴과 젖은 옷가지를 더 두었다간 탈이 날 지경이었다. 점퍼 소매며 바지, 물에 빠진 운동화를 말려야만 마트에 갈 수 있기도 했다. 텐트로 돌아오며 방금 본 그 신기한 일은 아이를 재우고 천천히 정리해 보기로 마음 한구석에 단단히 쟁여두었다.

옷과 신발이 마르는 동안 점심을 먹고 이틀 이상 두기 힘든 음식들은 다시 찾아온 고양이에게 주었다. 그리고 간 마트에서 내린 지 얼마 안 된 아이가 뛰어 돌아왔다. "여기는 아니에요." 들여보내면서 예상은 했다. 주변을 보니 가구 수가 적은 동네였고 한적한 곳에 있는 마트여서 아이 취향에는 아니겠구나! 했다. 눈에 레이저를 쏘며 폭풍 검색을 한 끝에 하남으로 출발했다. 50분. 그 사이 조수석에 앉은 아이는 다시 찾아온 지독한 틱과 극도로 예민해진 감정 기복으로 너무나 힘들어했다.

우습게도 그 와중에 창밖이 너무 예뻤다. 팔당댐을 지나 어깨 뒤로 숨던 그 풍경을 보며

'엄마 좋아하는 거 보여 주려고 이러는 거야? 뭘 이렇게까지….'

이게 인생인가 보다. 진정한 단쓴단쓴.

열심히 달려 하남 홈플러스에 아이를 내려 주었는데 이번에도 금방 돌아왔다.

"무슨 일이야, 희랑아?"

"캠핑장으로 갈래요."

"그럼 장만 얼른 보자. 같이 갈래, 엄마만 다녀올까?"

"아니에요. 장 안 봐요. 엄마도 안 봐요. 그냥 갈 거야."

아이와 마트를 다니면서 이런 경우는 처음이었다. 회차 차량이라니. 아니나 다를까 캠핑장에 거의 다 와서 배가 고프단다. 이쯤 되니 화도 안 난다.

"그래, 먹고 들어가자. 뭐 먹을까? 닭갈비 먹으러 갈까?"

"좋아요. 닭갈비 좋아요."

아이는 공깃밥 두 그릇, 닭갈비 2인분으로 넉넉히 배를 채웠다. 캠핑장에 돌아오자마자 나도 아이도 말없이 자리에 누웠다. 둘 다 몸이 고됐나 보다. 뜨끈하게 전기장판을 켜고 누워 있자니 뭔가 허전했다. 텐트 안을 꾹꾹 눌러 채우고도 족히 넘쳐흐르던 아이 소리가 없었다. 넉넉해진 공간이 낯설기 마찬가지인 차가운 겨울 공기만 한가롭게 피부를 건드릴 뿐이었다.

'어라! 무슨 상황이지! 설마 자는 거야? 8신데?'

언제 다시 깨어날지 모르니 마냥 좋아하지는 않기로 했다. 일어나면 나도 모르게 실망할까 봐.

그동안 틱이 약했다 심했다, 또는 몇 개월간의 시차를 두고 없어졌다 생겼다, 어깨로 나왔다 눈으로 나왔다, 여러 경우는 겪어 봤지만, 오늘처럼 급작스럽게 사라졌다가 도로 심한 상태로 돌아오는 경우는 처음이었다.

'뭘까? 아이 말처럼 여행이 재미있어진 건가? 어릴 때 놀던 계곡을 오랜만에 봐서 좋았던 건가?'

찬찬히 하루를 되짚던 중에 SNS에서 보았던 한 분의 피드가 떠올랐다. 성인 자녀와 설산을 등반하는 아버님의 사진이었다. 이럴 때마다 참 전율이 돌고 소름이 끼친다. 아이의 고비마다 생각하고 또 생각하고, 남편에게 하나하나 되짚어 얘기하다 보면 어느 지점에서 아! 하는 순간이 생긴다. 그때부터는 흩뿌려진 조각들이 마술처럼 맞춰진다.

아이는 에너지 발산이 필요했던 것이다. 늘 신경 써왔던 부분이었지만 까맣게 놓치고 있었다. 태권도 학원도 코로나로 수업이 들쑥날쑥해지면서 중단했고, 날이 추워지면서 등산도 쉬었다.

요즘 아이는 혼자 외출해서 버스를 타는 것에 빠져있는데 나 역시 자연스럽게 그쪽에 신경을 집중했었다. 하루는 영종도 안에 있어야 할 아이가 다리 건너 송도로 가고 있다는 전화를 받고 비상이 걸렸었다. 다행히 너무 좋으신 기사님을 만나 잘 해결될 수 있었지만, 그날 이후 긴장 지수가 급격히 높아져 버렸다. 눈앞에 닥친 일들을 해결하다 보면 부지불식간에 당연한 것을 놓치기 일쑤다.

그렇다고 이전처럼 운동 학원을 보내거나 영종도에서 제일 높은 백운산을 오르는 것은 해결책이 아니다. 그보다 더 높은 산, 더 큰 해소가 아이에게 필요하다. 아이가 성장했으니 이전보다 오히려 강도를 높였어야 균형이 맞았을 텐데 계절과 코로나 탓에 줄어 버렸으니 아이가 아팠던 것이다. 돌아보면 같은 이유로 겨울마다 틱이 심해졌던 것 같다.

추운 날씨에 밖에 서서 가만히만 있어도 몸이 에너지를 뿜었을 텐데, 거기에 불규칙한 길을 건너다니고 큰 돌을 들고 나르고 던지며 얼음을 깨고 하는 신체 활동들이 아이에게 명약이 되어 주었다. 자연이 아이에게 좋은 것이야 두말할 것이 없지만, 그 좋은 자연을 어떻게 활용할 것인지는 또 다른 문제의 것이었다. 자연 속에 들어와 가만히 머무르는 것으로 치유될 스트레스가 아니었다. 제대로 활용했어야 했다. 이 당연한 것을 이렇게 비싼 값을 치르고 깨닫다니.

다음 날 아침에도 눈을 뜨자마자 얼음을 깨러 가야 한다는 아이를 진정시키고 8시에 내보냈다. 20분 정도가 지나고 나가 보니 아이는 코피를 흘리며 얼음을 깨고 있었다. 맙소사!

집으로 돌아와서도 눈에 띄게 틱이 줄었다. 틱뿐만이 아니었다.

방에 있던 아이가 갑자기 뛰쳐나와 대화를 나누는 나와 딸 앞에 우뚝 섰다. 그러고는 눈에 힘을 주고 속사포로 말을 뱉었다.

"엄마, 진짜 진짜 재미있는 그림책은 수요일에 주문하자. 두 권 주문하자. 친구는 스무 살에 초대해서 아침부터 게임 하자. 회사는 쉬자. 남자 친구 네 명, 여자 친구 한 명 이렇게 초대하자. 매일매일 파티하고 살아 있어."

한참을 더 하다 숨이 목까지 차자 멈추고는 하는 말!

"후~ 이제 누나 얘기해."

울고불고 엄마를 떼어 내지 않는다. 누나에게 말을 멈추라며 소리 지르지도 않는다. 누나와 대화하며 온통 누나 색깔로 물들어 버릴 것 같아 불안한 엄마에게 하는 부탁 같았다.

"엄마, 나 여기 있어요. 그거 잊지 마세요. 약속하면 누나한테 엄마를 나눠 줄게요."

아이의 마음이 내는 둔탁한 소리가 나에겐 들린다.

아이가 <감정 조절>을 시작한 것이다.

은석 캠핑장 ★★★☆☆

◦ 계곡 아주 좋음 (적당한 깊이, 넓이. 계단 있어 편리함)

◦ 화장실 청소 안 되어있었음 (하)

◦ 가까운 대형마트는 규모가 작아 멀리까지 가야 함 (약 50분)

2박, 5만 원

ㅈ0 20210220 아침작업
마당쓸기

5
진천
드디어 편안해진 여행

2021.1.18-20 · 월-수

지난 여행 이후로 아이는 굉장히 편안해 보였다. 심했던 틱도 사라졌고 아빠나 누나를 대할 때 보였던 예민함도 눈에 띄게 줄었다. 이만하면 엄청난 변화다.

긴긴 장마에 반짝하는 해처럼 감사만 해도 모자랄 때인데 정작 내 마음은 그렇지를 못했다.

아침에 눈을 뜨면서부터 쏟아내는 일방적이고 반복적인 아이의 말

때문이다. 요 며칠은 "엄마!" 소리와 동시에 두통이 시작되고 의지와 관계없이 눈물이 흘렀다. 평소라면 다시 밝아진 아이 모습에 늘 하던 이 정도 수다야 너끈히 받아 줄 만도 한데 일주일 이상 바닥을 기는 컨디션은 좀처럼 회복이 되질 않았다.

작년 겨울에도 상황이 비슷했다. 아이의 틱이 심했고 본인도 힘들어할 만큼 말을 멈추지 못했다.

'그래, 약을 먹여야겠다. 지금이 때인가 보다.'

평소 약에 대해 거부감이 없었고, 아이가 도움을 받을 수 있다면 흔쾌히 먹이리라 생각했었다.

(약 복용이 처음은 아니다. 이전에 먹여 본 적은 있었지만, 효과가 느껴지지 않아 중단했었다.)

그렇게 절박한 상황에서 좀 벗어나 보려고 약을 먹였는데, 완벽한 지옥을 보게 되었다. 부작용이 생긴 것이다. 아이를 양육하면서 전부를 통틀어 그때가 최악이었다.

활기가 넘치던 때로는 과하던 아이가 50배 정도 행동이 느려지고, 눈은 초점을 잃었다. 밤에는 4~5시간 동안 눈동자가 안 보일 만큼 뒤집힌 채 잠들지 못했고, 얼굴 근육에 마비가 온 것처럼 침을 줄줄 흘렸다. 온종일 나에 대한 집착으로 내 몸을 잡고 놓아 주질 않는 탓에 내 숨이 먼저 멎을 것 같았다. 그래서 아픈 아이를 두고 이틀을 작업실로 도망치기도 했다.

'죽어야겠다. 그래야 끝나겠다.'

급기야 창밖으로 몸을 던지고 싶다는 충동까지 일었고, 그런 내 모습에 스스로 놀라 곧바로 병원을 찾아가 우울증과 공황장애 약을 처방 받았다.

그리고 아이는 바로 약을 중단했다.

그 후로도 한참, 휘몰아쳤던 약의 잔상이 사라지기까지 두어 달 동안 내가 미치도록 힘들었던 이유는 비단 증상 때문만은 아니었다.

타인을 마주한 듯한 생소함과 공포가 훨씬 더 컸다. 원래 가지고 있던 아이 모습의 일부분이었다면 당연히 거기에 맞춰 살아왔을 것이다. 더한 장애를 가졌다 해도 함께 지내 온 시간이 만들어줬을 애틋함이 있을 것인데 몸짓이 어눌하고 흐르는 침 따위야.

'내 아이가 아니야. 희랑이가 아니야.'

어느 날 갑자기 그것도 내가 가한 자극 때문에 내 아이가 아닌 다른 사람으로 둔갑했다는 사실은 미칠 것같이 끔찍했다. 절대 두 번 다시 그날을 반복하지 않을 것이다. 절대.

어느 잔인지 알 수 없지만, 운이 좋아 지독한 까나리액젓만 피하면 성공하는 복불복 게임 같은 약에 아이를 맡겼다. 전과 비슷한 것 같으면 증량을, 증량을 하다 하다 약을 바꿔 보고, 그러다 부작용이 나오면 약을 추가하고 그마저 소용없으면 다시 바꾸고….

마지막 지푸라기 같았던 약이 지독하고 잔인한 확률 게임임을 경험한 내가 이제 쓸 수 있는 유일한 카드는 여행을 기다리는 것 뿐이다.

나와 아이, 우리 둘만 사는 세상으로 들어가는 것.

자연의 힘일까? 아이와 단둘만 있어서일까? 그래도 여행 중에 듣는 아이의 말은 덜 아프다. 심지어 이번 대화는 흥미롭기까지 했다.

"스무 살에 청라 집에서(독립을 꿈꾸는 아이 집) 여자 친구랑 파티하고 살아 있어."

"희랑아, 왜 살아 있어? 파티하고 노는 거지. 살아 있는 게 아니지. 그런 말은 없다고 했잖아."

"오늘 파티하고 다음 날도 그다음 날도 매일 파티해. 살아 있는 거야."

"아. 그래서 살아 있는 거구나. 근데 그건 같이 사는 거야. 결혼하는 거야. 아빠랑 엄마처럼 결혼해서 함께 사는 거야. 결혼하면 매일 같이 살 수 있어."

"……"

몇 초 말이 없던 아이가 "읍!" 소리와 함께 두 손으로 얼굴을 가렸다. 머릿속으로 그림을 그렸던 것 같다. 그 모습이 너무 예뻐서 나도 모르게 큰 소리로 웃어버렸다. 예의 없이.

"결혼하고 아기는 없어. 안 태어나." (결혼은 하지만 아기는 안 낳겠다는 의미겠지.)

"그녀 머리를 묶어 줄 거야. 업어줄 거야."

'그녀? 그녀라고?'

섭섭하기도 하고 웃음이 새어 나기도 하는 새로운 대화들이 오고 갔다. 정말 오고 갔다.

여행 초기에 아이는 차로 이동하는 이 시간을 핸드폰에 의지했고, 그마저도 불가능했을 때는 지독한 짜증으로 채웠었다. 그 날카로운 소리가 두려움으로까지 치달을 때쯤 아이가 희망을 열어준 것이다. 대화를 나누면서 아이는 너무나 차분했고 알고 그런 것처럼 내용을 바꿔 주었다. 아이의 변화가 시들어 가는 나를 다시 살아나게 했다.

서서히 몸 안에 수분이 차는 것을 느끼며 진천 어느 동네에 들어오니 눈발이 날리기 시작했다. 꼭 우리 동네에 온 걸 환영이라도 한다는 것처럼, 그리고 곧 제법 큰 눈송이가 되어 펑펑 쏟아져 내렸다.

지나는 길에 논에서 썰매를 타는 동네 아이들이 있었는데 둘은 친구 같고 하나는 몸집이 좀 작은 것이 둘 중 하나의 동생 같았다. "○○야, 놀자. 나와."했을 것이고 굳이 따라붙는 동생을 반 억지로 챙겨 그곳에 모였을 것이다. 내가 그렇게 자랐다. 논에서 야구하고 개울에서 수영하며 전원일기에 나올법한 영락없는 촌 아이로 그렇게. 잠시 스친 아이들이 고맙게도 나를 30년 전으로 데려다주었다. 거기다 우리를 넉넉히 덮어주는 눈이라니, 진천은 평생 나에게 그 모습으로 기억될 것이다.

산과 들과 논이 온통 새하얀! 추억 돋는 생거진천!

캠핑장에 도착했을 때는 앞이 제대로 보이지 않을 정도였다. 아이가 신이 났고 그런 아이를 지켜보느라 퍼붓는 눈을 구경하느라 짐 내리는 일도 잠시 미뤘다. 입구에 줄줄이 자리 잡은 장박 텐트들을 지나 산속으로 들어오니 혼캠 중인 젊은 여자가 있었고 거기서 더 들어가 차가 들어갈 수 있는 가장 끝으로 자리를 잡았다. (선착순 자리 배정)

지난번 얼음 깨기의 영향으로 계곡을 찾아서 온 곳이었지만 계곡과 땅의 단차가 심해 내려갈 수는 없었다. 대신 계곡을 가로질러 놓인 나무다리가 있었는데 그곳을 향해 창 방향을 잡았다. 보아하니 수십 번도 넘게 건너다닐 것 같았기 때문이다.

세상이 순식간에 두툼한 솜이불을 덮었다. 주인분께 넉가래와 빗자루를 빌려 우리 자리를 쓸어 내고 텐트를 쳤다. 그리고 그 도구들은 3일 동안 아이의 기막힌 장난감이 되어 주었다. 수시로 밖에 나가 눈을 쓸어 모으고는 계곡으로 뿌렸다. 이번에는 이런 놀잇감을 내어 주는 자연이다. 이렇게 건강한 방법으로 몸과 마음을 쓰니 어떤 병이 버텨낼 수 있을까. 정말 여러모로 대단하다.

폭설이나 한파 같은 악조건은 우리 여행을 조금 더 완벽하게 해 준다. 그래야 사람이 없다. 날씨가 풀려 사람들이 캠핑장으로 몰리기 시작하면 우리는 노지로 나가게 될 것이다. 아이가 말이 많은 것도 그렇지만 음성 틱은 여행 온 이웃에게 피해가 될 가능성이 지극히 크다. 그러나 적어도 여행에서만큼은 입단속을 시키고 싶지 않다.

우리가 적당한 다른 장소를 찾는다면 자연 안에서 모두가 평화롭게 공존할 수 있을 것이다.

내 인내심이 허락하는 한 아이는 자유로울 수 있고 주변에 사람이 없다면 나의 인내심은 최대치가 된다. 이 전제만 확실하다면 우리는 여행에서 행복할 수밖에 없다.

사람 외에 단 하나 어려운 점이 있다면 밤이다. 셋째 돼지가 지은 튼튼한 벽돌집도 아니고 허술하기 짝이 없는 천으로 둘러싸인 채 아이와 나 둘뿐이다. 왜 무섭지 않겠나. 이날은 아이도 그랬는지 평소보다 늦게 잠이 들었다.

"엄마, 이게 무슨 소리지?"

"바람이 눈을 쓸고 있나 봐."

"엄마가 지켜 줄 거야."

"그럼. 엄마가 희랑이 지켜 줄 거야. 걱정하지 말고 푹 자."

내가 아이를 지키는 방법은 밤을 새우는 일이다. 그리고 나는 내가 할 수 있는 방법으로 곧잘 지킨다. 우리는 각자 야전침대에 누워 자는데 처음에는 손을 잡고 자길 원하다가 지금은 목소리만으로 충분해졌다. 이런 작은 변화들이 우리 생활에는 어마어마한 영향을 준다. 엄마에게 집착하지 않아도 본인이 안전하다는 것을 깨달은 아이는 곧 날개를 달고 나는 법도 알게 될 것임을 나는 확신한다. 무섭고 불편하지만, 여행을 멈출 수 없는 강력한 이유다.

아이가 잠이 들면 다시 일어나 글을 쓰거나 인터넷을 보거나 책을 읽는다. 고요한 새벽을 보내다 어느 순간 찾아오는 타이밍을 제대로 잡으면 폭! 잠이 들 수 있다.

　늦은 잠을 청하다 보니 여행 중에는 9시쯤 일어나나 보다. 벌떡 일어나 커피를 탄다. 이때는 반드시 믹스커피여야 한다. 그 커피를 들고 텐트 밖으로 나간다. 적당히 굳은 몸에 차가운 아침 공기가 부딪치고, 밤사이 말라버린 목구멍을 타고 커피가 들어갈 때, 크아! 그 짜릿함.

　그다음은 텐트로 들어와 블랙커피를 탄다. 이번에는 양이 넉넉해야 한다. 그리고 한 시간 정도 성경 필사를 한다. 이 사이에 아이가 깨는데 참 신기하게도 아이는 성경을 쓰고 있을 때는 나를 건드리지 않는다. 마지막 절을 쓸 때까지 종종 진도를 확인하며 기다려 준다. 우습게도 어떤 날은 그래서 더 열심히 쓴다. 말 걸지 말아 달라고.

　나는 성경을 쓰고 아이는 비질을 하고 있다. 우레탄창 너머로 보이는 아이를 바라보며 생각한다.

　'참 완벽한 아침이구나.'

　몇 초 뒤의 일도 알지 못하는 어리석은 나와 지금껏 함께 해 온 찰나들이다. 설레고 들뜨고 행복하고 꼭 이러다 뒤통수를 맞는다.

　기분 좋게 각자 일을 마치고 대화를 하던 중에 아이가 갑자기 짜증을 냈다. "짜증 내면 엄마는 대화하기 싫어."하고 자리에서 일어선 나를 아이가 힘으로 잡아당겨 다시 앉혔다. 아이가 마음먹고 힘을 쓰면 나는 속수무책이다. 힘으로 나를 넘어선 것은 이미 오래전이고 이 순간이 올 것을 너무나 잘 알았기에 특히나 힘쓰는 훈육을 피했다.

매를 안 들어 본 것은 아니다.

"친구를 때려? 그럼 너도 한 번 맞아 봐. 어때? 기분 좋아? 안 좋지? 그러니까 너도 때리지 마."

폭력성이 나아지지 않는 아이에게 때리는 건 나쁜 거라고 때리면서 가르쳤다. 얼마 지나지 않아 아이는 나의 말을 그대로 모방하며 매를 들어 자기를 때리는 시늉을 했다. 내가 가르친 것을 눈으로 보면서 너무 괴로웠다.

그 후로는 두 번 다시 매를 들지 않았다. 그리고 다른 방법을 찾았다.

"친구를 때렸어? 니가 나쁜 행동을 해서 나는 마음이 아파. 진짜 속상해. 그래서 너랑 말하기 싫어."

이런 상태로 하교 후부터 다음날 등교까지 아이를 불편하게 했다. 평소처럼 적극적으로 대꾸도 안 해주고 아이가 좋아하는 하교 후 활동들도 모두 취소했다. 다음날 학교로부터 문제 행동이 수정됨을 확인하고서야 다시 전처럼 아이를 대했다. 그 과정도 아이가 모두 알 수 있게 했다.

이 불편한 시간이 지금은 한참 줄어 몇 분만으로 가능해졌지만 그러기까지 엄청난 시간이 필요했다. 그러는 동안 주변에서 볼멘소리도 많이 들었다.

"희랑엄마, 그러다가 성인 되면 애한테 맞을 수도 있어. 애한테 맞고 사는 장애인 부모 많아."

"그렇게 말하면 못 알아들어. 엄마 무서운 줄을 모르잖아."

아이가 스스로 조절이 가능해진 지금은 내 육아법에 대해 고개를 끄덕여 줄지도 모르겠다. 하지만 정신없이 들고 뛰고 거칠던 예전 모습이라면 여전히 나는 우유부단하고 아이에게 끌려다니는 지나치게 수용적인 엄마라 평가받을 것이다.

상상만으로도 가슴 아프지만, 혹여라도 아이가 성장하지 못하고 그 상태로 머물렀다 하더라도 나는 우선순위를 바꾸지 않았을 것이다.

내 육아의 1번은 <존중>인데 이것은 큰아이, 작은 아이에게 동일하다. 아이들을 대하는 태도나 말투에 친절함을 담으려 부단히 노력해 왔다. 내가 두 아이에게 너무나도 받고 싶은 그것을 아이들이 매일 덧입으며 성장하길 바라왔다. 감사하게도 그런 나의 수고가 헛되지 않도록 두 아이 역시 나에게 매우 친절하다.

같은 맥락으로 내가 가장 단호할 때는 아이가 힘을 쓸 때다. 내 팔목을 잡고 놓아 주지 않으면 나는 더 큰 힘으로 빠져나올 수 없고, 오늘처럼 잡아당겨 앉히면 힘이 흐르는 대로 딸려 갈 수밖에 없다. 아이의 부정적인 행동에 속상하거나 슬프거나 가슴이 아픈 다른 감정들일 때가 대부분인데 정말 이때만큼은 단전에서부터 끓어오르는 화를 느낀다. 엄마 이전에 인간으로 존중이라고는 찾아볼 수 없는 상황이 유일하게 화를 만든다.

하지만 화가 났다고 내가 달리 할 수 있는 조치는 없다. 존중하면서 훈육하는 것에 대해 많이 고민해 봤지만 찾은 방법은 말을 안 하는 것뿐이다. 앞서도 말했지만 내 아이는 화를 내는 나를 무서워하지 않는다. 말을 안 하는 나를 무서워한다. 그래서 나는 최대한 무섭게 말을 안 하고 적막이 흐르는 시간을 통해 절실히 가르친다.

'불편하지? 그럼 그 행동을 하지 마.'

얼마간의 냉랭한 시간을 뒤로하고 산책을 했다. 산속에 우리뿐이니 발길이 지나는 곳마다 우리 흔적뿐이었다. 마음 같아서는 이 작업을 더 하고 싶었지만, 재촉에 못 이겨 마트를 두 곳 돌았고 비록 친정집 앞을 지나면서도 엄마 얼굴 잠깐을 볼 수 없었으나 아이가 안정적인 것에 충분히 만족했다.

"엄마, 미안해. 희랑이가 외할머니 댁은 명절에만 가는 거래. 잠깐이라도 들르면 좋을 텐데. 아쉽네."

"아이 위해서 온 거니까 맞춰줘. 조심히 잘 있다 가고."

아이가 서너 살쯤 네 식구가 함께 친정에 갔을 때 문밖에 서서 들어가지 않겠다고 난리를 치는 바람에 남편과 딸만 집으로 들어가고 나와 아이는 차에서 잤던 적이 있었다.

(그 무렵 아이는 공간에 대한 불안도가 높았는데 집 외의 낯선 공간은 아예 들어가지 않거나 발을 바닥에 데지 않아 종일 안고 있어야

했다.)

　밤에 주차장으로 내려와 꼭 끌어안고 있는 우리를 보며 "아유, 괜찮은 거야? 이게 뭐냐."하셨던 엄마다.

　지금은 많이 컸는데. 엄청나게 달라졌는데. 안타깝게도 나의 엄마가 느낄 만큼 활짝 펼쳐서 보여 줄 수가 없다.

　여행을 정리하는 셋째 날 아침, 내가 짐을 싣는 동안 아이는 본인의 몫인 양 눈을 열심히 쓸었다. 그런데 가만히 들으니 노랫소리가 들린다! 그 흥얼거림에 잠시 몸이 굳고 온 에너지가 귀로 쏠렸다. 잊지 않고 싶어서. 오랫동안 기억하고 싶어서.

　돌아오는 차에서 생각해 보니 이번은 나를 위한 여행이었다. 아이보다 내가 지쳐있었고 그런 나를 위해 아이가 침착함을 보여줬다. 잠깐 신경전은 있었지만 3일 내내 큰 짜증 없이 편안했다. 대화를 나누며 나를 힘들게 했던 강박도 많이 사라졌다.

　오는 날 내리던 하얀 선물부터 가는 날 들려준 콧노래 소리까지 모두 나를 위한 것이었다. 이번에도 자연에서 치료를 받았고 이번에는 완치되어 퇴원한다.

"또 올게, 그때도 부탁해."

덤바위 캠핑장 ★★★☆☆

◦ 계곡이 있지만 오르내릴 수 없음. 나무다리로 건너다님

◦ 화장실, 개수대 시설 깨끗함 (중)

◦ 파쇄석과 숲속 자리가 있고 선착순으로 자리 선택 가능

2박, 6만 원

마음이 하는 소리가 들려
ㅈㅇ 20210218

6
양평
끝없는 새옹지마

2021.2.1-3 · 월-수

"아빠, 잘 자."

아이가 먼저 아빠에게 인사를 한다. 아빠가 두 팔을 벌리면 어제까지도 그랬던 것처럼 달려가 꼭 안긴다.

"뽀뽀는 몇 번 해?"

"200번!"

"쪽쪽쪽쪽…… 쪽…… 아유 힘들어."

두 눈으로 보면서도 어리둥절하다. 남편과 멀찌감치에서 눈이 마주쳤고, 둘 다 말없이 웃었다.

아이는 아빠가 안 보이는 것처럼 행동했다. 아빠와 아이가 한 공간에 있는 것은 말할 것도 없고 엄마가 아빠와 나란히 앉아 있는 꼴도 견디지 못했다. 아빠가 이름조차 부를 수 없었던 아이, 거실에서 아빠 목소리가 들리면 불호령이 떨어지고, 싫으나 좋으나 안방에 갇혀 있어야 했던 아빠였다.

네 식구가 앉아서 밥이라도 먹을 때에는

"아빠, 없어져. 아빠, 중국 가. 아빠 총 쏴. 많이 쏴."

듣기 아픈 말들을 주절대던 아이였다.

아이야 뭔가 심리적인 이유가 있어서라지만, 아빠는 무슨 죄인가. 목구멍으로 밥이 넘어가질 않았다. 그렇게 밀어만 내던 아빠를 아이가 인정하기 시작한 것이다.

아빠가 퇴근하면 기다리기라도 한 것처럼 장난을 걸고 나에게 하듯 얻고 싶은 것을 슬쩍 주문하기도 한다. 아빠에게는 주로 게임에 필요한 기계, 게임팩, 소프트웨어와 관련된 것들이다.

"희랑아, 이따 버스 타고 롯데마트에서 만나. 도착하면 전화해. 아빠가 사무실에 있다가 금방 갈게."

"네. 알았어요."

밖에서 둘이 만나 게임팩을 사기로 했단다. 얼마나 간절히 바라던 변화인지 모른다.

학교를 중단하고 두 달 만의 변화다. 역시 예민한 아이가 세상 기준에 맞춰 애쓰느라 마음에 여력이 없었나 보다. 그렇다면 공간에 맞춰 내용을 채우는 것이 마땅하다. 중요한 순서대로 소중한 것부터. 그것이 가족이다. 아이의 마음에 세상에서 좋다 하는 어떤 것보다, 가족의 자리가 단단하게 자리 잡아야 한다. 순서가 뒤엉켜 뒤죽박죽이었던 아이의 마음 안에서 서열 정리가 끝난 것 같다. 우리가 넘어왔던 숱한 고비들처럼 이제는 이 일도 과거가 되었다.

무기력으로 힘들었던 여행이 없는 주도 바쁘게 지나갔다. 하루는 오전 공부를 즐겁게 마치고 산책하러 나갔던 아이가 울면서 들어왔다. 동네 도서관을 갔는데 코로나로 열람할 수 없고 대출만 가능했기 때문이었다.

"희랑아, 이거 봐. 여기 어때? 우리 여기 갈까?"

"싫어, 안 가. 아니야. 갈래요."

"근데 여기는 서울이야. 1시간 30분 걸려. 괜찮아?"

"좋아요. 괜찮아요."

검색한 이미지를 보여 주며 내가 물었고, 아이로 인해 이런 긴장을 할 때 일시적으로 뇌가 가장 활발히 움직인다. 검색 능력도 최고다. 이렇게 엄마라는 존재는 아이에게 길드는가 보다. 서럽게 펑펑 우는 아이를 데리고 급하게 코엑스로 출발했다. 책이 많은 곳으로.

도착해서 아이는 안내표를 보더니, 아쿠아리움을 먼저 가고 싶다고 했다.

"그래, 그러자. 그리고서 책 보러 가자."

아이는 내 팔을 붙들고 엄청난 속도로 아쿠아리움을 한 바퀴 돌았다. 가볍게 전체를 훑고 다시 돌며 자세히 들여다볼 계획처럼 보였다. 전체를 알아야 불안함을 덜 수 있음을 알기에 열심히 쫓아다녔다. 그런데 아뿔싸, 재입장이 안 되다니. 하는 수 없이 표를 한 번 더 사고 아이만 들여보냈다. 처음부터 혼자 들어가고 싶다는 아이에게 오늘은 워치폰을 안 가져와 안 된다고 했었는데, 결국 아이가 원하는 대로 되어버렸다. 처음부터 그럴 것을.

아쿠아리움을 나와 도서관으로 향하는 길에 아이가 물었다.

"엄마, 여기가 뭐지?"

"코엑스야."

"코엑스 옆으로 이사 오자."

왜 아닐까. 매번 충충한 마트 주차장에서 기다리던 나도 이렇게 좋은데!

다음날은 제2롯데타워 아쿠아리움을 갔고, 옆 건물 교보문고에 들러 책을 사고, 2층 식당에서 스테이크를 먹고, 집에 돌아오니 9시가 다 되었다.

(나는 아쿠아리움에 아이를 들여보내고 건물을 돌며 적당한 식당

을 찾는다. 아이가 좋아하는 육류에 내가 즐길 수 있는 채소가 있는 곳으로 신중히. 돌아온 아이의 원하는 순서가 식사가 아닌 옆 건물이라고 하니 점찍어 둔 그 식당을 과감히 버린다. 옆 건물 교보문고로 이동해 아이는 서점, 나는 다시 식당을 찾는다. 그렇게 찾은 식당에 책을 손에 쥔 배고픈 아이를 데려가 배를 채워주고 밤길을 달려 집에 온다. 나는 엄마인가, 매니저인가.)

이번 여행의 출발은 우리 둘 다 컨디션이 좋았다.

팔당댐을 끼고 지나는 길에

"희랑아, 여기 기억나? 지난번에 너 막 울고 짜증 내던 그 길이잖아. 그날 엄마 정말 울뻔했는데…"

이런 마음을 여과 없이 내뱉고, 멋쩍은 아이는 말을 돌리는 여유까지 부리던 눈부신 날이었다.

캠핑장에 도착하자마자 아이는 자기 자리라는 듯 계곡으로 향했다. 캠핑장과 완만히 연결된 계곡이라 드나들기가 편했다. 아쉽게도 따뜻해진 날씨에 얼음이 단단해 보이진 않았지만, 그마저도 열심히 두들기며 놀았다. 짐을 내리는 중간중간 아이를 확인하니 얼음 위를 이리저리 기어 다니고 있었다. 물이 마른 계곡이라 빠져봐야 발목이겠구나 싶었는데 참 신기하게도 홀딱 젖어 온 아이는 어떤 재주가 있는 걸까.

두 번째 날은 계곡으로 놀러 나간 아이가 해 질 무렵까지 돌아오지 않아 나가 보았다.

"희랑아~~~~~ 밥 먹어~~~~~ 그만 들어와~~~~~"

놀이에 취해 시간 가는 줄 모르던 나를 부르는 그 시절 엄마가 되어 있는 기분이었다. 아, 기분 좋아.

함께 식사하고 잠시 마트에 다녀올 때를 빼고 아이는 줄곧 계곡에 나가 있었고 나는 이래도 되나 싶을 만큼 텐트 안에서 여유로운 시간을 보냈다.

캠핑장에 우리뿐이다. 아무리 얼음을 내려치고 돌멩이를 던져도 문제 될 게 없다는 의미다. 친절한 주인아주머니께서 가까운 거리에 있다는 안도감도 나를 도와주었다. 밤사이 바람이 심해 텐트가 날아갈 것 같았지만 그런데도 푹 잘 수 있었다.

독특하게 이곳은 동물 소리가 많았는데 개가 기본 박자를 두드리고 소가 중간중간 재미를 보탰다. 새들도 유난히 많은 날이었다. 나와 아이는 이런 환경을 즐기지만, 남편과는 반드시 피해야 할 장소다.

돌아오기 전날 남편에게 말했다.

"이번 여행은 내가 할 일이 없네. 푹 쉬어서 기분 너무 좋아. 그러니 모두 긴장해."

그렇게 가볍다 못해 들뜬 마음으로 돌아왔다. 렌터카를 반납하기 전까지는 모든 것이 완벽했다. 이번 여행에서는 복지관에서 차를 렌트 해 다녀왔다. 장애인만 동행하면 별다른 조건 없이 차를 빌려 쓸 수 있는데 정비도 잘 되어 있고 통행료도 무료다. 반납할 때 사용한 만큼 기름만 채우면 된다.

유턴하면 바로 주유소인데 갑자기 혼란스러웠다. 이 차는 뭐지? 노란 줄일까, 파란 줄일까? 디젤일까, 가솔린일까? 경윤가, 휘발윤가? 짧은 순간에 복지관 담당자에게 전화해 확인까지 했다.

"디젤이에요."

"디젤이 휘발유 맞죠?"

"음…."

"맞을 거예요. 넣고 금방 가겠습니다."

무언가에 씐 것처럼 처음부터 나는 노란 줄을 확신했고, 직원과 통화할 때도 머리로는 '역시 노란 줄이었어.'했으며, 분명히 '이상하네, 왜 찜찜하지.'했으면서도 여전히 머릿속에 박아 놓은 결정을 바꿀 생각은 없었다.

반납한 차를 뒤로하고 데리러 온 남편의 얼굴을 마주했을 때! 그제야 흘렸던 정신이 돌아왔다.

"아! 나 잘못했다. 여보, 어떡해요!"

"희랑맘, 이거 디젤이야. 파란 줄이다~ 노랑 넣으면 큰일나."

지난번 이용했을 때 민서엄마가 했던 말이 왜! 지금 떠오를까!

다시 뛰어 들어갔다. 그리고 담당자에게 자백했다.

"저…. 제가 휘발유를 넣었어요."

"네???"

이 사고가 처리되기까지 이틀 동안 내 안에 자존감은 손톱만큼도 존재하지 않았다.

'난 쓰레기야. 쓰레기. 바보. 멍청이.'

세어 보니 6일이 지났다. 오늘에서야 아주 조금씩 회복 중이다. 혼유 사고는 보험처리가 안 된단다. 그래도 복지관에서 부담이 될 것을 배려해 분납으로 처리해 주었다. 그것만 해도 고마웠는데 다음날 다시 전화가 왔다.

"어머님께서 관장님께 하신 말씀 있잖아요, 저희 직원 실수도 있어서 반반씩 부담하는 것으로 하라십니다."

"제가요?"

복지관 출입문에서 보험사와 통화하는 담당자를 기다리며 발열 체크 데스크에 앉아 있던 한 남자에게 넋두리를 했었다.

그분이 관장님이셨단다. 만세!

이 기쁜 소식을 남편에게 알렸다.

"여보한테는 참 신기한 일들만 생겨. 전원일기야?"

"난 다음에 당신한테 이런 일이 있으면 절대 안 그럴 거야."

"내가 어쨌는데? 나 아무 말도 안 했어."

"옆에서 한숨 푹푹 쉬었잖아. 안 그래도 위축됐는데."

"아니. 어떻게. 흠⋯. 디젤을. 흠⋯."

"그래도 이번엔 이화한테 위로받았으니 됐어. 이화가 그랬어. 돈으로 해결할 수 있는 문제는 괜찮다고. 걱정하지 말라고. 아빠가 해결할 거라고. 흥!"

　　이번 달 두 번째 여행은 쉬기로 마음먹었다. 놀란 마음도 진정이 필요하고 예상보다 빠르게 안정된 여행에 변화도 필요했다. 차분히 시간을 갖고 새로운 계획을 세워야겠다.

'우리 어느 방향으로 가야 할까?'

문앤스타 캠핑장 ★★★★☆

◦ 접근성 좋은 계곡이 바로 이어져 있음

◦ 화장실, 개수대 시설 매우 깨끗함 (상)

◦ 가까운 대형마트는 규모가 작아 멀리 다녀옴 (약 50분)

2박, 7만 원

2021.10.1 스피노사우르스 희랑

PART 2
봄

아 기다리고 기다리던 개학
ㅈㅇ 20210505

7
양평
설렘 · 기대 · 긴장의 범벅 · 3월

2021.3.2-4 · 화-목

3월이다. 그리고 개학이다.

기운이 펄펄 끓어올라야 할 타이밍에 몸이 좋지 않다가 지난주부터는 걱정스러울 정도가 되어 버렸다. 아침에 눈을 뜨고 일어서려는데 차마 그러지 못하고 다시 주저 앉았다. 그리고 이틀은 꼼짝하지 않고 누워 있어야만 했다. 어지럼증이 생긴 것이다. 이틀이 더 지나고 아이와 한 약속은 지켜야 하기에 무리가 되었지만, 한 시간 반을 달려 아쿠아리움에 데려다주었다. 커피숍에서 기다리는데 테이블 위로 몸이 흘러내렸다.

'여기서는 쓰러지면 안 돼. 희랑이가 나와서 나를 찾을 텐데. 놀라면 어떡해.'

언젠가 간담회에서 성인이 된 장애인 딸을 두었다는 한 어머니의 이야기가 생각났다.

지금 이 시각에도 우리 아이들은 자라고 있고,

부모는 늙고 있다. 우리는 점점 힘을 잃어 가고 있다.

나라가 도와 달라!

그 당시 현재밖에 모르고 나밖에 몰랐던 교만 가득했던 나는 역시나 공감할 재주가 없었다. 왜 선배 엄마들이 자기 시간을 반드시 가져야 하고 본인부터 챙겨야 함을 그토록 강조했는지 마흔한 살이 된 지금에서야 조금씩 깨닫고 나에게 맞는 방법을 찾아가는 중이다. 소화가 되지 않아도 나누어 조금씩 좋은 음식으로 먹고, 노동 말고 몸에 유익한 활동을 하며, 적당히 주변을 차단해 스트레스로부터 나를 보호하는 것. 그 대상이 가족 일지라도. 그렇게 나를 아끼기로 했다. 그래야만 한다.

예약했던 캠핑장 사정으로 갑작스럽게 취소하게 되어 최근에 다녀왔던 양평을 다시 가게 되었다. 같은 곳이었지만 날씨와 주변 조건이 달라지니 새로운 장소와 다름없었다. 이번에는 계곡에 얼음이 없었고 전날 내렸던 비 덕분에 물이 적당히 흘렀다. 그리고 둘째 날에는 여행을 시작한 이후로 처음, 이웃이 있었다. 그래서였을까. 집이었다면 엄살을 부릴 만도 했을 테지만, 긴장이란 것이 평소만큼 멀쩡한 컨디션으로 되돌려 주었다. 어쩌면 이런 새로움과 긴장들이 여행하는 동안 아이를 성장시켰는지도 모르겠다.

도착해서 제법 힘차게 흐르는 계곡을 보자마자 아이는 물놀이를 원했다. 그 설렘을 충분히 이해하지만, 곧 해가 질 저녁 무렵에! 그것도 3월에! 계곡에서! 물놀이는 무리였다.

"희랑아, 지금은 아니야. 3월이고 저녁이고 감기 걸릴 것 같아서 지금은 안 되겠어."

"그럼 내일 하자. 점심에 하자. 안 추워요."

"음. 엄마가 방법을 생각해 볼게. 내일까지 기다려줘."

"네."

내색은 안 했지만, 너무, 너무너무 대견하고 기특했다. 말로는 안 된다고 하면서도 머리로는 '결국 적실 것 같으니 텐트고 뭐고 일단 화로를 피우고 난로를 바짝 붙여 놓으면 덜 추울까'하는 궁리를 하고 있었다. 평소보다 옷을 넉넉히 챙겨 온 이유도 그 때문이었다. 물을 보고 기어이 직진하고야 말까 봐.

그런 나에게 허락을 구하는 아이.

"돌은 던져도 돼(?)"

(아직 질문을 평서문으로 하는 빈도가 높다.)

내 눈앞에 있는 아이는 <침착함>을 익힌 아이였다.

물을 보면 일단 앞뒤 없이 뛰어들고 주변에 사람이 있든 없든 돌멩이를 던져대던 아이. 어린이 풀장에서 미끄럼틀 줄을 미꾸라지처럼 요리조리 헤쳐 결국 출발선에 앉아 있는 아이까지 밀어내고는 본인이 타야만 했던 마음 급한 아이. 수도 없이 먹은 욕과 눈총 속에서도 꿋꿋이 아이를 가르쳤던 나의 믿음이 아이의 기다림이라는 보상으로 돌아왔다.

유치원 무렵 마음 급하기가 최고조였다. 당연히 줄서기가 참 어려웠다. 줄서기를 가르치느라 놀이동산에서 Q-pass는 이용하지 않았다. 놀이동산 밖으로 나가면 절대 통하지 않는 아이에게 독이 될 사탕임을 분명히 알았기 때문이다. 새치기하지 않기로 단단히 약속했음에도 잘못을 반복하면 그 즉시 집에 돌아왔다.

에버랜드 눈썰매장에서 긴 줄을 기다리지 못하고 혼자 뛰어 내려온 아이, 그 뒤를 따라 함께 뛰어 완주한 직원. 우리에게 집중된 셀 수 없는 시선이 있었지만 아이 손을 잡고 다시 올라갔다. 그리고 가르쳤다.

"썰매를 타고 싶으면 바르게 서! 그리고 기다려!"

지금 생각하면 이상하리만큼 주변 시선에 무감각했다. 앞서도 언급했듯 부끄러움보다 큰 절실함 때문이었다.

'지금 다 해! 나중에 하지 말고!'

그 나중이 지금이라면 나는 아이 손을 붙잡고 다시 줄을 설 수 없을 것 같다. 주변 시선을 무시하고 아이를 가르치는 것 또한 자신이 없다. 지금의 나에겐 그만한 힘이 없고, 다 자란 아이의 돌발이 언제까지 어리광으로 포장될 수도 없다.

그건 모두에게 공포가 아닐까.

안되는 상황에서는 분명한 이유와 가능하게 하는 방법을 가르치려 애써 왔다.

"엄마는 니가 ○○ 규칙을 안 지켜서 기분이 나빠. 지금은 너랑 얘기하고 싶지 않아. 10분 동안 엄마한테 말 시키지 마."

말로 마음의 안정을 유지하는 아이에게 10분은 엄청난 시간이다. 그러나 약속한 10분이 지나면 엄마가 다시 말을 한다고 했으니, 아이는 꾹 참고 기다린다. 심장을 쥐어짜는 노력이 아이에게도 있었다. 우리는 서로의 노력을 기억한다.

같은 방법으로 한동안 나를 벼랑 끝으로 내몰던 <말 반복>도 눈에 띄게 줄었다.

"자, 희랑아. 이사 가는 얘기는 오늘 10번 했어. 그러니까 오늘은 그만하자. 내일 다시 해."

아이는 멈추려고 노력한다. 그리고 다음 날 처음 듣는 이야기처럼 즐겁게 열 번을 들어준다. 이 방법이 아이에게 효과가 있음을 알아채고 남편에게 얼마나 자랑을 했나 모른다.

어느 날 "안 돼."라고 말한 나에게 "어떡하면 할 수 있지?"라고 반문하는 아이를 보고 굉장히 놀라웠다. 가능한 방법을 찾으려고 하는구나. 그렇게 마음을 먹어 주니 너무나 고마웠다. 오늘 같은 상황에서도 내일 주인아주머니께 슬리퍼를 빌려 보자. 아니면 가까운 편의점에서 슬리퍼를 사 오자. 이렇게 저렇게 방법을 찾고 있는 나를 믿고 기다려 준다. 그러니 나는 아이와의 약속을 반드시 지켜야만 한다. 그것이 나를 믿고 기다려 주는 한 사람에 대한 예의다.

다음날 아주머니께 다녀온 내가 빈손이니 아이가 물었다.

"슬리퍼 빌렸어(?)."

"아니. 슬리퍼로는 안 될 것 같아. 그 대신 시장이 어딨는지 알아냈어! 아주머니가 알려주셨어. 시장에 가서 장화를 사 오자."

그렇게 용문시장에 들렀다. 계획에도 없던 시장이라니, 예측할 수 없어서 재미있는 여행이다. 어렵지 않게 가게를 찾았고 좀 더 업그레이드 된 입는 장화를 샀다. 가슴팍까지 방수라 앉는 것도 가능하겠다 싶었는데, 놀이 끝에는 물을 한가득 담아 모으는 기능을 했다.

때로는 애써 머리를 굴려 찾은 방법이 수포가 되기도 하지만 참으로 즐거운 실패다. 그저 나는 아이에게 안 되는 것보다 되는 것을 가르치고 싶고, 되도록 하는 방법을 가르치고 싶다. 그 방법을 찾아가는 과정이 즐거운 공부임을 가르치고 싶다.

신통치는 않았지만 우리는 방법을 찾으려 노력했고 불가능할 것 같았던 3월의 계곡 물놀이는 더할 나위 없이 즐거웠다.

아이가 물을 첨벙거리는 소리, 비틀거리면서도 균형을 잡으려 애쓰는 뒷모습, 두 손에 눈을 쓸어 모아 계곡물에 띄우며 보이던 미소. 이렇게 우리는 격한 짜증과 마음 졸임 없이 꿈에 그리던 모습으로 새 학년, 새 학기를 시작했다.

물놀이를 마치고 양 소매가 무릎 밑까지 늘어진 채로(오징어가 긴 다리를 휘젓는 듯한 뒷모습이 너무 사랑스러웠다.) 텐트를 향해 걸어가는데 변화가 생겼다. 이웃이 생긴 것이다. 어린 딸을 둔 젊은 부부였다.

'나는 당당하고 누구보다 씩씩한 엄마야. 내 아이의 장애는 아무 문제 아니야. 이 아이는 누구보다 귀하고 훌륭해.'

입버릇처럼 되뇌던 말들이 지극히 나를 위한 주문임을 확인하는 순간이다. 누가 "당신 아이는 장애인이에요?" "좀 신경이 쓰이네요." 라고 말이라도 한 것처럼, 스스로 바짝 긴장한다. 인정하기 싫지만, 몸이 하는 반응까지 부정할 도리가 없다.

"희랑아, 옆에 사람들이 왔네. 그러니 우리 지금부터는 소곤소곤 말하자. 소곤소곤!"

그래도 아이는 제법 조절을 잘했다. 전에는 작게 말하는 연습을 하다가 답답해하며 소리를 빽! 지르기도 했는데, 원하는 크기만큼 소리가 나도록 목 쓰는 방법을 곧잘 알고 있었다.

이런 아이의 성장에 오롯이 감사하지 못하고 여전히 옆의 텐트가 신경 쓰였던 이유는 언어화되지 않는 불특정한 소리 때문이었다. 의미를 알 수 없는 혹은 의미가 없을 수도 있는 이 낯선 소리가 참 신경이 쓰였다.

며칠 전 뉴스에서 자폐 자녀를 둔 가정을 향해 밤마다 귀신 소리가 난다며 주민 신고가 빗발치는 통에 국민청원을 올린 아버지의 사연을 접한 터라 더 그랬는지도 모르겠다. 귀신 소리. 마음이 아프지만 접해보지 못한 누군가에겐 그렇게 들릴 수 있다.

"자꾸 소리 내면 엄마 너랑 말 안 할 거야."

"12시가 넘었어. 오늘따라 왜 안 자는 거니?"

아이가 잠드는 순간과 동시에 후회할 걸 알면서도 끝내 짜증을 내고 말았다.

다음 날 아침 아이가 산책하겠다며 나가서는 옆 텐트 주변을 서성거렸을 때, 엄마와 함께 걷고 있는 옆집 꼬마를 따라나서려 했을 때도 나는 아이를 멈춰 세웠다. 아이가 넘지 못하도록 먼저 선을 그은 것이다. 내가 함께 할 수 있다면 그러지 않았을 텐데, 이제 아이는 나의 동행을 원치 않는다.

요즘 아이는 수영장에서 다른 일행들의 주변을 맴돈다. 썬베드에 고정해 놓은 엄마를 틈틈이 살피다 일어나서 잔소리라도 하겠다 싶으면 오지 말라며 손을 흔들고 야단이다.

외출도 혼자 하길 원한다. 버스를 이용하는 방법은 너무나 잘 알고 있다. 그런데 버스만 타면 엄청난 틱을 한다. 의자가 흔들릴 정도로 엉덩이를 들썩이는데 옆자리 사람은 불편할 것이 너무나 당연하다. 아직은 미완성인데 혼자이길 고집하는 아이를 마냥 허락하기도 그렇다고 발을 묶어두기도 참 난감하다.

수영장마다 동선을 익히고 탈의실 사용을 익히면 수영장 다니는 것만큼은 문제가 없으리라 생각했다. 버스를 타고 내릴 때 카드를 찍고, 내릴 때는 전 정류장에서 버튼을 미리 누르고 목적지마다 번호를 숙지시키면 버스 이용만큼은 완성이겠구나 싶었다. 이런 하나하나의 과정을 지나오면서 어느 것 하나 거저가 없었지만, 가슴을 쓸어내리면서도 교육만이 살길이라 굳게 믿어 왔다. 말만 트이면 돼! 한글만 깨우치면 돼! 그 뒤에 꼬리를 물고 순서를 기다리던 수많은 난제가 있음을 몰랐을 때와 참 같은 모양새다.

버스에서 쉼 없이 엉덩이를 들썩이는 아이의 어깨에 머리를 기댔다. 그렇게라도 아이를 안정시키고 싶었다. 이제는 나를 거뜬히 지탱해 줄 만큼 몸집이 커버린 아이 옆에서 이쯤이면 마침표가 나올 법도 한데! 끝없이 반복되는 도돌이표를 원망하며 눈물을 쏟았다.

이번 여행에서 바뀐 규칙은 둘째 날 가던 마트와 서점을 집으로 돌아가는 셋째 날로 바꾼 것이다. 시간을 쪼개지 않고 둘째 날 하루는 온전히 캠핑장에서 머물고, 매번 서둘러 집으로 돌아가기 바빴던 마지막 날에 아이가 좋아하는 마트와 서점을 가기로 했다.

비록 양평에서 하남 홈플러스를 거쳐 서울 시내를 뚫고 서점을 들러야 하는 알 수 없는 코스지만 또박또박 이름을 되새기는 아이를 보면 지극히 합당한 일이 되어 버린다. 교보문고 천호점. 살면서 한 번도 들를 일이 없던 곳이 아이가 이름을 기억하면서 조만간 다시 오게 될 장소가 되었다.

단지 홈플러스가 좋아서 파주를 다시 갔고 춘천도 용인도 마트 때문에 다시 가야 한단다. 이렇게 아이에게 하고 싶은 일이 쌓이는 것은 나에게 큰 기쁨이다.

학교에 다니고 있다면 온 정성을 다해 얌전해지는 법을 익히고 있을 지금, 아이는 짧게는 오늘, 내일, 다음 주! 길게는 내년, 16살, 20살의 계획을 세운다.

우리는 그 계획들을 하나하나 이루면서 작은 마침표를 만날 수 있을까? 영원히 반복될지도 모르는 숨 막히는 도돌이표에서 벗어나기 위해 마땅한 노력을 하고 있나? 절대로 공짜를 바라지 않는다. 다만 우리가 하는 매일의 노력이 제 역할을 해주길 바랄 뿐이다. 흩어지지 않고 차곡차곡 견고하게 쌓여서 내 아이의 꿈이 현실이 되도록 해 주리라 믿는다.

'참, 살아있는 것처럼 사는구나!'

할머니가 되어 있는 어느 날, 아이를 바라보며 이런 마음을 품을 수 있다면, 부디 그럴 수만 있다면….

아이를 두고 눈을 감으며 웃을 수 있을 것 같다.

문앤스타 캠핑장 ★★★★☆

° 용문시장 (약 10분)

2박, 7만 원

이 구역 오뚝이
ㅈㅇ20210508

8
제천
아이가 없는 두 밤 여행

2021.3.15-17 · 월-수

"엄마, 저 여행 안 갈래요. 안 가도 돼."

"그래, 가기 싫으면 안 가도 돼. 엄마 혼자 다녀올게. 근데 희랑아, 엄마가 중간에 돌아올 수는 없어. 두 밤 자고 수요일에 올 거야. 알고 있지?"

여행 며칠 전부터 오락가락하는 아이를 보며 과연 떨어져 있을 수 있을까 하는 의심이 들면서도 진심은 너무나 혼자 가고 싶었다. 어느 쪽이 먼저였는지는 모르지만 두 아이와의 관계도 남편과의 관계도 한창 힘든 날들을 보내던 터였다. 어떤 이유로 남편과 부딪히고 입을 닫아 버린 나는 아이를 교육하기는커녕 나를 돌보는 일조차도 버거웠다.

몇 수십 박자가 맞아야 가능한 홈스쿨이다. 부부의 교육 가치관, 아이의 성향, 경제적인 안정, 가족 간의 관계, 딸의 상황, 적절한 가사 분담…. 따지다 보면 불가능에 가까운 조건이다. 그러니 흔들리는 날이 있는 것이 오히려 당연하겠지만, 그 시간을 겪어 내는 것은 매번 어렵다.

같은 목표를 가지고 전혀 다른 방법으로 풀고 있는 남편. 내가 육아에 전념할 수 있도록 그 외의 역할을 너무나 잘해주고 있는 것이 고맙고 듬직하다가도 불쑥 나를 지옥에 데려다 놓는 것도 같은 사람이다.

둘 다 사람 만나는 일을 크게 좋아하지 않아 서로에게 귀한 친구이고 배우자다. 일상의 대부분을 공유하고 의지하다 보니 어쩌다 관계가 삐걱거릴 때 엄청난 타격이 생긴다. 결혼 초기에는 싸움이 없는 것이 관계가 좋은 것이라 착각했었다. 잘 맞추고 잘 참느라 쌓아두었던 것을 엉뚱한 데서 전조증상조차 없이 터뜨리는 민망함을 몇 번 경험하고 나서 배웠다.

'잘 싸워야겠구나. 그게 현명한 거구나.'

상대의 역린을 건드리지 않으며 나의 화를 조곤조곤 설명하는 일, 나에게 잘 싸움이란 그것이다. 싸움에도 연습이 필요해서 우리 부부는 여전히 시행착오 중이지만 싸움을 회피하기만 했던 이전보다 훨씬 건강한 관계라 생각한다.

집을 떠나오는 날, 그 길을 달리며 얼마를 울었나 모르겠다. 가뜩이나 조그맣고 힘없는 나에게 너무 큰 몫을 숙제로 얹으시는 것 같아 억울했고 어차피 지나갈 건데 이렇게까지 마음이 긁혀야 하는지도 원망스러웠다.

남편, 아! 나의 남편. 영혼까지 바짝바짝 말리는 사랑하는 내 남편! 분명히 내가 먼저 말했다. 결혼하자고.

"엄마, 내 친구들은 이런 거 아무도 안 해."

다 돌아간 빨래를 꺼내고 새로 세탁기를 돌리며 딸아이가 투정을 부리기에

"이화야, 우리 약속했지? 엄마도 다른 친구랑 너를 비교하지 않잖아. 다른 집하고 비교하지 말자. 우리는 우리가 정한 대로 살면 돼."

실제로 딸아이는 일찍부터 집안일을 함께 나눠 해왔다. 우리 집은 주방을 네 식구가 함께 사용한다. 내가 장을 보고 밥을 지어 놓으면 식사는 각자 편한 시간에 원하는 음식으로 직접 만들고 차려서 먹는다. 어려서부터 아이들과 요리를 자주 했고 딸이 6살에는 일주일에 한 번씩 반찬을 만들어 가족의 밥상을 차리기도 했었다. 아이가 만들어준 애호박전, 햄구이, 토스트…. 반찬 한 가지로도 풍성하고 행복한 식사였다. 이제 아이들이 성장해 일정이 제각기라 식구들이 모여 한

자리에서 식사하는 일이 드물다. 홈스쿨을 시작하고 내 역할에 변화가 생기면서 가족들의 이런 분담이 얼마나 큰 힘이 되는지 모른다. 예상치 못했던 조기교육의 도움을 이렇게 받고 있다.

강아지 두 마리의 산책과 목욕도 본인의 방을 관리하는 일도 딸의 몫이다. 초등학교 3학년 정도까지 이런 일상을 만드는 연습을 함께 했고 지금은 학습도 생활도 나의 도움 없이 스스로 하는 기특한 아이다.

마냥 즐거운 놀이였던 것들이 어느 순간 역할이 되었고 친구들을 들여다보니 본인만 하는 노동 같아 불만을 가질 법도 하다. 그러나 부모로부터 성인 못지않은 존중을 받으며 자유를 누리고 있다는 사실도 흔쾌히 인정하는 아이다. 소소한 실랑이가 있을지언정 자유에 동반되는 책임을 질 줄 아는 슬기로운 중3이다.

집안에서 우리 가족은 모두가 하나같이 말이 많다. 현관을 들어서며 나를 부름과 동시에 말을 쏟아 낸다. 셋이서 엉키기라도 하면 순서를 정해 말하고, 끊기더라도 해야 할 만큼은 끝까지 하는 듯하다.

한번은 두 아이가 서로 자기 얘기를 하겠다며 부딪혔는데 희랑이가 먼저 기가 막힌 제안을 했다.

"그럼 홀수, 짝수 할까? 나는 홀수, 누나는 짝수!"

"그래. 그럼 오늘은 짝수니까 누나가 엄마랑 얘기한다! 넌 내일 해."

"에잇! 아니네."

이맘때면 방문을 닫아버린다는 16살, 13살 아이들이 엄마에게 할 말이 많다는 건 참 고마운 일이다. 남편이 밖으로 돌지 않고 집에서 아내와 술 한잔하며 대화를 즐기는 것 또한 정말 고맙다. 이런 가정을 만들려고 부단히 노력한 것도 사실이다. 그런데 왜 나는 지칠까? 마냥 행복해하지 못하고.

이어달리기 경기에서 이전 주자도 다음 주자도 없이 혼자 뛰고 있는 것 같은 숨 막힘을 종종 느낀다.

'이상하다…. 옆에는 주자가 계속 바뀌는데 왜 나는 계속 혼자지?'

설거지하는 동안 주방 바닥에 쪼그려 앉아 나를 올려다보고 있는 남편, 나의 동선마다 함께 하며 재잘거리는 딸, 그냥 나와 한 몸인 듯한 아들. 우습게도 내가 없을 때는 각자 방에서 각자 일들을 한다. 그러다가 내가 귀가함과 동시에 방문을 열고 나온다.

혼자 떠난 여행 3일 동안, 우리는 모두 잘 지냈다. 희랑이도 나와 세 시간 간격으로 전화 연결만 되면 딱히 불안해하지 않고 자기 방에서 잘 지냈다 하고, 남편과 딸은 앞으로 여행은 엄마 혼자 다니면 좋겠다고도 해줬다. 떨어져 보니 안 되겠구나 싶었는지 다음 여행부터는 같이 가야겠다고 하는 아들이라 잠시 잠깐 꿈이었지만 그 잠깐의 상상만으로도 가슴 한쪽이 시원했다. 얼마만큼은 귀가 쉬고 싶고 마음이 고요하길 원하는 것, 집안 어딘가에 조용히 머물 내 자리가 있었으면 하는 것은 정말 배부른 투정일까.

수년 전엔 아이들이 뛰놀았을 운동장을 걸으며(폐교를 개조한 캠핑장), 여행 때마다 아이가 좋아해서 질리도록 먹은 고기 말고 잘 차려진 나물 반찬에 한 끼를 먹으며, '곧 터트릴 거야.'라고 속삭이듯 봄을 준비하는 나무들을 지나 동네를 돌며…. 나는 조금씩 되살아나고 있었다. 그리고 용기도 생겼다. 다시 사랑할 수 있다는, 좀 더 마음을 담아 내 가정을 정성껏 돌봐야겠다는 용기.

마치 혼자 오게 될 것을 알았던 것처럼 이번 장소는 나에게 딱이었다. 장을 볼 겨를도 없이 무작정 달려 온 데다 도착해서도 차를 세워 놓고 한참을 멍하게 있었더니 어느새 저녁이 다 되어서 느지막이 텐트를 쳤다. 체크인하려고 관리소로 들어갔을 때 아주머니께서 만두를 빚고 계셨는데 돌아 나오는 내게 통통한 만두 여섯 알을 건네주셨다. 다음날 그릇을 드리러 갔을 때는 맛이라도 보라며 호두 파이를 주셨고, 옆에서 원두를 갈고 계셨던 아저씨께서 "좀 이따 커피 마시러 와요!"하시는데 마음이 참 포근했다. 다친 마음을 토닥여 주시는 친정 부모님 같았다.

내가 태어나고 자란 고향과 그리 멀지 않는 곳인데 제천은 처음이었다. 제법 높은 산들이 사방을 두르고 있어서 내가 너무나 좋아하는 풍경인 <산 뒤에 산, 그 산 뒤에 또 산>을 마음껏 볼 수 있었다. 나는 그 작품을 볼 때마다 '사람이 손으로 그리면 혹은 포토샵으로 투명도를 조절하면 저것만큼 자연스럽게 만들어 낼 수 있을까?'를 생각하는데, 그럴 수 없다는 것을 알기에 언제나 감탄이 나온다. 식당을 다녀올 때 지나던 충주호에서는 두어 번 차를 세웠다. 아이가 없는 여행이라 가능한 것 중의 하나였다. 할 수 있는 최대한으로 오랫동안 기억하고 싶어 힘을 주어 꾹꾹 눈에 담았다.

'이래서 자연! 이래서 여행!'

사순절 동안 잠언과 요한복음을 하루 한 번씩 읽으려 노력한다. 꼭 나에게 주시는 말씀 같아 힘을 얻는다.

네가 누울 때에 두려워하지 아니하겠고
네가 누운즉 네 잠이 달리로다
<잠언 3:24>

언젠가 밤중에 아이와 화장실에 다녀오는데 아이가 갑자기 내 팔을 꼭 끌어안으며 "엄마, 무서워요." 했다.
"걱정 마, 희랑아. 엄마가 있잖아! 엄마가 지켜줄게!"
마음속으로는 하나님께 똑같은 어리광을 부리면서 내게 해 주실 것 같은 위로를 아이에게 했었다.

제자들이 물어 이르되
랍비여 이 사람이 맹인으로 난 것이 누구의 죄로 인함이니이까

자기니이까 그의 부모니이까

예수께서 대답하시되

이 사람이나 그 부모의 죄로 인한 것이 아니라

그에게서 하나님이 하시는 일을 나타내고자 하심이라

<요한복음 9:2-3>

아이를 통해 세상에 보이실 하나님의 일을 기대하며, 아멘.

옛날학교 캠핑장 ★★★★☆

◦ 초입에 계곡이 있지만 차를 이용하거나 10분 정도 걸어 내려가야 함

◦ 화장실, 샤워실 시설 매우 깨끗함 (상)

◦ 주인 아저씨, 아주머니 매우 친절하심

2박, 8만 원

힘차게 뛰어 가고싶은 곳으로
ㅈㅇ 20210519

9
충주
이번엔 다르게 던져

2021.4.12-14 · 월-수

나에게 여행은 평화다.

불멍, 물멍, 산멍 외에도 모든 멍들이 매번 다 된 배터리에 힘을 채워준다. 그러니 그런 호사를 위해 백조 못지않은 물밑 작업을 감수하고 있다.

맛집이라고 찾아갔어도 긴 줄을 보면 '그냥 덜 붐비는 옆집에서 먹자.' 미용실 예약도 '다음 주 상황이 어떻게 될 줄 알고 미리 잡지!' 여전히 예약제 부적응자이며 온라인 쇼핑에서는 비교 검색 없이 처음 나오는 그 제품으로 구매해 버리는 내가 2주의 간격을 두고 캠핑장을 예약해 왔다. 아이에게 적합한 이동 거리, 계곡 유무, 주변 마트 등을 파악해 가며 머리에 쥐가 나도록. 게다가 봄이 되어 불붙은 예약 전쟁에 발을 담그게 되면서 과연 해낼 수 있을까? 해야 하나? 머리를 쥐어뜯었다. 그 틈에서 잡은 캠핑장이었다. 도대체 뭐가 다른지 "그래, 어디 한번 가 보자." 오기가 나던 캠핑장.

출발 전날 남편이 날씨를 알려준 덕분에 이틀은 우중 캠핑, 마지막 날은 말려서 짐을 싸는 큰 그림이 그려졌다. 챙겨야 할 것이 많아 날씨까지는 생각지도 못했는데 뜻밖의 외조가 참 고맙다. 덕분에 나는 우비를 챙길 것과 차를 얼마만큼 바짝 대야 할지, 축축할 텐트를 말릴 난로를 챙길 것, 집기들은 얼마나 안쪽으로 배치해야 할지 등을 생각하면서 짐을 꾸리면 됐다.

출발하고 처음 들르는 곳은 마트인데 여행지에 따라 동쪽으로 갈 때는 청라, 남쪽으로 갈 때는 송도 마트를 꼽는 영리한 아이다. 지도를 보면서 여행지를 고를 때부터 어느 다리(인천대교와 영종대교 중)를 건너 어느 마트로 갈지를 생각하는 것 같다. 차에서 간식을 먹고 한 시간 유튜브를 보고 차분히 엄마와 대화를 하는 것이 익숙해진 아이라, 여행길이 편안하다. 처음처럼 깊은 심호흡과 마음을 단단히 다지고 시동을 켜야 하는 수고가 없어진 것이다. 아이의 이런 작은 변화는 수십 배의 파장을 일으켜 내 삶에 영향을 준다.

산이 펼쳐지는 어딘가에서부터 내가 "음~~~"하고 시작을 하면 처음 몇 번은 따라 하며 받아 준다. "희랑아, 산 좀 봐." "나뭇잎 색깔 좀 봐." "희랑아, 저건 꼭 봐야 해."의 연발 끝에 아이가 그런다.

"음~~~, 그만. 연두색, 그만. 엄마 인제 그만하자."

내가 그리도 무서워하는 아이의 말 반복이 어디서 왔는지 가늠되는 대목이다. 그러고 보면 아이의 하나하나가 모두 부모의 모습인데 내가 인지하지 못하는 나의 못난 점, 혹은 보기 싫어 덮어 둔 나의 치부라 마주하는 것이 더 힘들었는지도 모르겠다.

충주호는 <두 밤 여행>을 계기로 알게 된 보석 같은 장소임이 틀림없다. 다음 여행까지 연이어 네 번이 충주호 주변이다. 충주댐을 지나서 캠핑장으로 조금 더 올라가는 그 길도 고향 청주에서 유명한 플라타너스 가로수길 못지않은 아우라를 뿜음에도 딱히 이름 지어지지 않은 흔한 길 중에 하나란 것이 안타까울 뿐이다. 그 흔한 길을 지나 캠핑장에 도착해서 자리를 잡기 위해 한 바퀴를 돌았다.(선착순 자리 배정)

'이래서! 이래서!!'

어느 자리를 잡아도 무방할 만큼 전망이 좋았다. 다른 캠핑장과 다른 것이 텐트끼리 마주 볼 일이 없도록 가장자리를 따라 한 줄로만 피칭이 가능하다. 어지간하면 안전상으로라도 땅 끄트머리에 울타리를 만들었을 법도 한데 전혀 되어 있지 않은 것도 인상적이었다. 전망을 가리기도 하고 사진마다 나오는 그 울타리들이 거슬렸던 나는 속 시원하니 좋았지만, 어린아이를 동반했거나 취향에 의해 완전히 다르게 해석될 수도 있을 것 같다.

그리고 한 가지 더 기억에 남는 것은 젊은 관리인이다.

"아들이 말을 잘하네요."

"네? 아…. 그래요?"

"근데 어디가 좀 아픈가 봐요."

"네. 자폐에요. 그래도 말을 잘한다고 해 주시니 감사해요."

아이에게 관심을 보이는 분이셨는데 이후에도 이따금 아이에게 말을 걸고 유심히 지켜보는 듯했다. 그분의 학창 시절에 아이와 비슷한 친구가 있었단다. 그 친구를 잘 챙기고 했었는데 아이를 보니 그 친구가 생각난다고.

평소에 아이를 대하는 주변 사람들의 말을 주의 깊게 듣는다. 이유는 객관적인 내 아이를 파악하기 위해서다. 나는 이미 아이에게 젖어 들어서 객관적이기가 매우 어렵다. 나에겐 아무렇지 않은 아이의 어떤 행동이 다른 사람에게 어느 정도의 영향을 미칠지도 가늠하기 어려운 것이 사실이다. 장애와 비장애의 중간에 있고자 하는 내가 어느 한쪽으로 치우치지 않기 위해 주변 반응에 관심을 둔다.

학교생활을 하지 않는 요즘은 교회에서 이런 부분에 큰 도움을 받는다. 아이가 속해 있는 아동부에서 함께 교사로 지내며 아이들 사이의 관계를 살피기도 하고 선생님들의 말씀을 참고하기도 한다.

"희랑이가 요즘에 틱이 많이 심해졌어요. 몸짓이 커져서 제가 좀 신경이 쓰입니다. 선생님은 괜찮으세요?"

"사실 저는 잘 모르겠어요. 틱이 심해졌다는 게 딱히 어떤 건지…. 엄마만 파악할 수 있는 정도 같아요."

"저…. 희랑이가 쓰는 게 싫다고 하네요. 안 하겠다고 하는데 어떻게 해야 할까요?"

"아, 선생님. 말로는 그래요. 근데 공부 시간이야. 함께 쓰는 거야. 라고 정확히 알려주시면 금방 할 거예요. 만일 오늘 그냥 넘어가면 앞으로 쭉~ 안 하려 들 거고요. 선생님 간 보는 거예요."

"그러네요. 글씨도 잘 쓰고 잘하네요."

때로는 불필요한 예민함이었음을 깨닫고, 때로는 아이에게 접근하는 방법을 설명하기도 하면서 나의 눈높이를 조절한다. 아이가 갖은 특성에 대해 접해보지 못한 사람들에게 아이를 잘 설명하기 위해서 그들의 눈높이를 파악하는 것은 나에게 매우 중요한 일이다. '어떻게 저런 말을 하지!' '왜 저렇게 아이를 빤히 쳐다보는 거지!' 상처받고 마음을 닫아버리면 정말 중요한 일을 할 수가 없다. 어느 정도가 사회생활에서 문제가 될지 또 그것 중 아이가 얼마만큼 소거할 수 있을지.

이런 것을 파악하고 교육하는 일이 나에겐 더욱 중요하다.

　초반에 관리인의 이해 정도를 보면서 '역시 사람들이 드러나는 것을 기준으로 아이를 판단할 수밖에 없겠구나.'하는 것을 다시 한번 느꼈다. 틱이 심해 느닷없이 제자리 뛰기를 하고 말을 걸면 짧은 대답을 하거나 자리를 피해 도망쳐버리는 내 아이를 처음 대하는 대부분은 심각한 장애라고 생각한다. 딱 이 순간만큼은 '그래, 학습이 다 무슨 소용이야.' 싶다. 반 토막은커녕 그보다 훨씬 바닥으로 저평가되는 아이도 그토록 인지 능력을 높이려고 발버둥 쳤던 나도 안쓰러워지는 때이다.

　그러나 그 순간이 지나고 세 번, 네 번 만남이 쌓이면 아이를 다시 보기 시작한다. 마지막 날 함께 짐을 정리하면서 아이가 텐트에 박은 팩을 뺐는데 "희랑아, 팩은 한곳으로 모아줘. 안 그러면 잃어버리니까."하니 한곳에 모아둔다.

　"희랑아, 팩 모두 몇 개야? 12개 여야 맞는 건데."

　"하나, 둘, 셋…. 모두 11개야. 한 개가 부족한데!"

　부족한 한 개를 찾는 아이를 보고 있던 관리인이

　"아유, 아들이 아주 똑똑하네요! 걱정 안 하셔도 되겠어요!"하는 측은함이나 안쓰러움 대신 칭찬과 응원을 보내준다.

　'사회성이 조금만 더 좋았더라면, 틱이 조금만 덜 했더라면 훨씬 좋은 인상을 줄 아인데!'

이런 씁쓸한 마음을 늘 가져왔다. 내 입맛에 맞게 골라 담는 아이스크림 상자가 아님을 알면서도 여전히 어떤 건 더하고 싶고, 어떤 건 빼고 싶고….

두 밤 모두 엄청난 바람이 불었다. 첫날 밤엔 어딘가에서 집기들이 날아다니는 소리와 여기저기에서 팩 두들기는 소리에 잠이 깨서 보니, 텐트 벽면이 아이 볼에 맞닿아 있을 정도로 바람에 텐트가 구겨져 있었다. 놀라서 밖으로 나와 빠져있는 팩 하나를 다시 박고 아침까지 잠을 설쳤다.

두 번째 밤엔 새로 온 옆집 남자가 대단하게 코를 고는 통에 잠을 못 잤다. 나는 잠들기 전까지 아이 입단속을 시키며 "여기는 캠핑장이야. 조용히 해."를 수십 번 했는데! 이런 반전이 있을 줄 알았다면 편하게 쫑알거리다 잠들게 둘 것을.

'자기가 저 정도 코를 곤다는 걸 알면 캠핑장은 오지 말아야 하는거 아냐!'하는 짜증도 났다. 여행 중에 접했던 이웃을 가만히 돌아보면 어떤 사람은 크게 음악을 틀었고, 어떤 사람들은 술을 마시며 떼창을 부르기도 했다. 내가 아이에게 안쓰러울 정도로 잔소리를 하는 것조차 무색하게 만드는 캠핑장 안의 공공의 적이다. 질타를 받아야 하는 사람은 그들이다. 공존을 모르는 사람들. 장애의 유무와는 상관이 없다.

씩씩거리며 머리가 무거운 채로 모닝커피를 마시고 있는데 아이가 일어났다.

"집에 가는 날이네! 산책하고 올게요. 돌 던져도 돼(?)"

캠핑장 한쪽에 폐선착장으로 보이는 곳이 있었는데 이번 여행에서 찾은 아이의 놀이터였다. 충주호에 돌멩이를 던지며 노는 아이를 몰래 따라가 사진을 찍었다. 그리고 집에 와서 다시 들여다보니 재미있는 말들이 숨어 있었다.

"이번엔 다르게 던져! 으아!!!"

한 번은 포물선을 그리도록 던지고, 한 번은 옆으로 눕혀 물수제비를 만들 듯이 던지고, 한 번은 가까운 곳으로 굴리듯 던진다.

이렇게 <생각>을 하는 아이를 마주할 때, 예외 없이 가슴이 찡하다.

희랑아, 사는 날 동안 꼭 그렇게 살아.
무엇에 의해서가 아니라 너의 생각으로! 하고 싶은 일들을 하며!
주체적으로!

충주 카누 캠핑장 ★★★★★

◦ 카페에 가입하여, 안내된 기간에 문자로 예약을 진행해야 함

◦ 2인 이하 이용 가능 / 선착순 자리 배정 / 낚시 가능

◦ 화장실, 샤워실 시설 깨끗함 (중)

2박, 10만 원

* <사계진미> 숯불 닭갈비 무한리필 식당
  캠핑장에서 25분 / 밑반찬 뷔페 중에서 양념치킨 정말 맛있음!

나를 좋아하는 고양이
ㅈ020210519

10
제천
나를 좋아하는 고양이

2021.4.26-28 · 월-수

이달 초, 공동육아를 정리하게 되었다. 5인 이상 집합 금지가 주었던 코로나 영향도 있었지만, 그보다 더 근본적인 이유는 구성원들의 양육 상황과 교육 방향이 달라졌다는 사실이라고 생각한다.

4년간 이 일을 이어 오면서 가장 어려웠던 것을 꼽는다면 단연 '헤어짐'이다. <다름>과 <틀림>에 대해 입으로 떠드는 것 말고 행동으로 얼마나 옮기며 살고 있을까. 둘 사이의 끝없는 갈팡질팡 때문에 인간관계가 어려운 것이라 해도 수긍할 수 있을 것 같다. 어렵기만 하던 그 일을 그래도 마지막에는 제법 잘 넘긴 것 같아 그것만으로도 큰 경험이고 공부였다.

우리가 보낸 시간을 통해 아이가 성장했고 다른 곳 어디에서도 경험할 수 없는 것을 함께 머리를 맞대어 일구었다. 어려움도 많았지만, 즐거움이 훨씬! 훨씬! 컸다고 기억해 주길 바란다. 나에게 그 시간이 그런 것처럼 말이다.

일상에 큰 부분이었던 공동육아를 빼고 나니 마음에 구멍이 생겼다. 그래서 더 기본에 충실하려고 노력했다. 주변 상황이 어떻게 변한다 해도 흔들림 없이 지켜내야 하는 기본! 그것만 잃지 않는다면 어떤 폭풍과 파도를 맞닥뜨려도 끝내는 목적지에 안착할 것이다.

평일, 오전 공부를 마치면 하루는 작업실에서 그림을 그리고, 하루는 아이 혼자 청라나 송도를 다녀오고, 하루 이틀은 함께 외출하는데, 요즘에는 아쿠아리움이나 미술관을 다닌다. 평일이 어쩜 이리도 짧은지 여행을 다녀온 주는 더 하다. 5일에 걸쳐 나눠 할 일을 이틀에 몰아 하는 기분이다.

4월에 들어 작업실 텃밭 작업과 닭장 보수, 캠핑에 필요한 윈드스크린 제작 작업을 하면서 시간을 쪼개 써야 했다. 이전에는 아이와 각자 볼일을 보고 먼저 마무리되는 사람이 집에 들어가 있거나, "5시에 집에서 만나자."가 일반적이었는데 언젠가부터 아이가 일방적으로 룰을 바꿨다.

"엄마는 5시까지 집에 가세요. 난 6시에 갈게요."

남편에게서조차 경험치 못했던 쫀쫀한 관리를 받는다. 시간이 넘어갈까 조바심을 내며 확인 전화를 해대는 아이 덕분에 작업실에서는 뛰어다니며 일을 하는데, '내가 왜 이렇게까지 해야 하지?'싶다가도 '굳이 불안하게 하지 말자.'가 된다.

정신없이 평일을 보내며 여행을 손꼽아 기다린다. '아무것도 안 할 거야. 종일 화로만 피울 거야. 먹지도 않고 잠만 잘 거야.'를 기대하며, 주일 오후에 찾아오는 잔잔함에 흠뻑 젖는다.

여행을 시작하고 처음 얼마간은 하고 싶은 게 참 많았다. 등산도 하고 싶고 집에서처럼 공부도 그림도 독서도, 음식을 각자 해 먹으며 늘어지게 오후를 즐기는 영화 같은 장면을 상상하기도 했었다. 지금 생각하면 웃음이 나지만 참 나답다. 여행 시작과 동시에 깎이고 깎여 지금은 몽돌해수욕장에 널려 있는 돌멩이만큼이나 단정해졌다.

가만히 보면 나만 열심인 게 아니다. 아이도 나 못지않게 열과 성을 다해 나를 가르치고 성장시킨다. "엄마, 워워, 진정하세요. 과해요, 과해. 다시 한번 생각해 보세요."라고.

여행 중에 짐을 싣고 내리는 일은 전부 내 몫이었다. 지금 와서는 '진작에 도움을 구했어도 좋았겠다.'는 생각도 들지만, 오히려 내가 인지하지 못하는 사이에 아이가 스스로 움직여 준 것이 더 고맙다. 언제부터였는지 기억은 안 나지만 아이는 함께 짐을 날랐다. 차에 직접 싣는 것은 차가 긁힐 것과 짐이 뒤죽박죽되는 이유로 사양했더니 트렁크 앞에다 모아둔다. 여행을 마치고 작업실에 짐을 내릴 때도 바닥에 내려놓으면 안으로 옮기는 일은 아이가 한다.

이번에는 맨땅에 팩을 박았다 뺐다 하며 망치질을 하고 놀았는데 뺄 때 보니까 옆면을 툭툭 건드려 헐겁게 먼저 만들고 팩 머리를 망치의 한쪽 고리에 걸어 들어 올리는 모습을 보고 새삼 놀랐다. 그동안 나를 지켜봤었나 보다.

"엄마, 산책하고 올게요." "계곡에 다녀올게요." "돌멩이 던지고 올게요."처럼 본인의 할 일을 스스로 찾아서 하는 지금이 처음에 계획했던 나의 것보다 비교할 수 없을 만큼 훌륭하다. 아이와 내가 서로 가르치고 배우며 이제야 <진짜 여행>을 하게 된 듯하다.

이곳은 내가 어릴 때 가족들과 다니던 쌍곡계곡과 비슷했다. 튜브 뒤에서 나를 꼭 끌어안아주던 아빠를, 발이 닿지 않아 동동거리던 그 느낌을, 잠에 취해 일어나 맞았던 축축한 아침을 여태껏 기억한다. 그 때가 지금 내 아이보다 훨씬 어렸을 때다. 내가 받은 사랑이 고스란히 전달되길 기도한다.

공사 관계로 예약했던 자리가 아닌 가장 안쪽 자리를 안내받았다.

주인아저씨가 아이에게 손수 껍질까지 벗겨 건네주신 아이스크림은 아이 취향이 아니라 자리로 오자마자 살짝 버렸고, 우리 캠핑장에서 제일 좋은 자리라며 데크비도 안 받는다셨던 그 명당에서 아이의 거부로 데크는 고이 두고 이전처럼 파쇄석 위에 텐트를 쳤다.

아이를 불편해하거나 조심스러워하는 상황도, 호의를 가지고 적극적으로 다가오는 상황도 진땀을 빼긴 마찬가지다. 좀 부드럽게 넘어가 주면 좋으련만, 아직은 작디작은 아이의 그릇이 안타깝다.

숲이 우거져 그늘이 많았다. 아직은 춥지만, 한여름에 오면 참 좋을 법한 장소다. 아이에게 "7월에 다시 오자."하면서 동시에 '7월에도 지금처럼 좋을까?'하는 생각에 뜨끔했다. 한여름에는 평일에도 자리가 없다고 하는데 이 넓은 캠핑장이 사람으로 꽉 찬다면…. 저 계곡이 지금처럼 한산하지 않다면…. 좋기만 할 리가 없다.

첫날은 멀찍이 한 팀이 있었고 둘째 날은 우리뿐이었다. 둘째 날 밤에는 아이의 수다가 멈출 기미가 없어 쑤셔오는 머리를 부여잡고 텐트 밖으로 나왔다.

"희랑아, 나가자. 차라리 불을 피우자."

"12시야. 불 피워도 돼(?)"

"어차피 안 잘 거잖아. 엄마 머리가 너무 아파. 그냥 불 피우는 게 더 좋겠어."

"몇 시까지?"

"3시까지만 피우자."

처음으로 늦은 밤에 텐트 밖으로 나와 컵라면을 끓여 먹고 주전부리를 하며 불 옆에서 놀았다. 어리둥절한 아이가 몇 번을 확인했다.

"컵라면 먹어도 돼(?) 컵라면 먹어도 돼(?)"

편식이 심해 먹는 음식은 극히 제한적인데다 폭식 때문에 어릴 땐 게워 내는 일이 잦았다. 편식 지도를 시도했었지만, 때마다 실패했던 이유는 나의 우선순위 때문이었다.

4살에 장애를 인지하고 치료를 시작한 이후로는 아침에 눈을 뜨면서부터 잠들기 전까지 매 순간이 신경전이었다. 이때까지도 아이는 외출해서 돌아오면 신발을 벗을 줄 몰랐다. 집안에서 신발을 신고 돌아다니다 본인이 벗고 싶을 때 슥 벗었다. 손 씻기 역시 불가능이었다. 욕조에 퐁당 몸을 담그면 담갔지, 몸 일부만 닦는 것은 상상도 할 수 없었다. 신발을 벗기고 손만 씻기는데 집안 전체에 귀가 찢어질 듯한 소음으로 가득했다.

한 날 부부 상담을 받는 중에 남편이 그런 말을 했다.

"제가 희랑이라면 살고 싶지 않을 것 같습니다. 정말 소소한 하나하나를 누군가에게 지적받는다면…"

신발을 벗기고 손을 씻기는 과정을 읊었다. 생각지도 못했던 새로운 시각에 공감되기도 했고 나 역시 그렇게는 오래 버틸 수가 없었다.

그래서 우선순위를 정하기로 했다. 한 가지 한 가지가 뼈저리게 절실했지만 <건강한 무법자>보다 <교육이 가능한 아이>로 키우겠노라 마음을 먹었다. 아흔아홉 가지는 아이에게 양보하고 딱 한 가지! 책상에 앉히는 것! 그것 하나만 붙들었다.

이후에도 몇 번 마음을 먹고 편식 지도를 하고 나면 내 몸이 침대에 곧장 누워버려야 하는 상태가 됐는데 그 컨디션으로는 아이와 아무런 활동도 할 수가 없었다. '아직도 때가 아니구나.'하는 마음으로 접으면서도 최대한 살이 덜 찌도록 신경 썼다. 늦은 시간에 먹지 않도록 한 이유가 그 때문이다.

8시 정도가 지나면 "희랑아, 지금은 늦었으니까 내일 먹자."하던 엄마가 느닷없이 자정에 라면을 먹자니 아이로서는 완벽한 이벤트이지 않았을까 싶다.

장작을 넣고 또 넣고, 바람이 많지 않아 불 피우기 딱 좋은 날씨였다. 다시 자려고 들어왔을 때는 빗방울이 떨어지기 시작해 잔불을 두고도 안심이 되었다. 게다가 피곤했는지 말수가 현저하게 줄어든 아이까지, 잠들기 완벽한 타이밍이었다.

"아침이네! 집에 가는 날이다!"

"희랑아, 엄마 11시부터 정리할 거야. 재촉하지 마. 알겠지?"

먼저 못을 박았다. 11시까지는 커피도 마시고 성경도 읽고 아침도 먹으며 오롯이 내 시간을 보내겠다는 강한 의미다.

"그럼, 나는 뭘 볼까? 난 뭘 보지?"

이런 능청을 부리는 아이에게 유튜브를 허락하고 평화를 얻어냈다. 대신 지금 보면 차에서는 볼 수 없다는 조건을 아이는 잘 수용해 주었다. 여행 중에 미디어는 절대 싫었는데 한 발짝 양보하니 그만큼 아이도 수용의 폭을 넓히는 것 같았다. 역시 관계는 지극히 상대적이다.

시간이 되어 정리를 시작하려는데 어디선가 고양이가 찾아왔다.

"이런. 우리 이제 가야 해. 줄 게 없어. 좀 일찍 오지."

크게 관심을 주지 않고 지나치는 나 대신에 신기하게도 아이 곁에 자리를 잡고 바닥에 드러눕더니 몸을 비벼가며 애교를 부린다. 아이가 조금씩 다가가도 물러섬이 없고 되레 손길을 기다리는 듯한 참 보기 드문 고양이였다. 예전같이 꼬리를 잡아채거나 위협적인 행동 없이 그저 광대가 올라간 채로 고양이에게 시선이 사로잡힌 아이.

"희랑아, 고양이는 희랑이가 좋은가 봐. 자꾸 희랑이 옆에서만 있네!"

이 말끝에 아이는 자랑스러운 듯 본인을 가리키며 말했다.

"내가 좋은가 봐. 내가! 내가!"

그 해맑은 모습이 오랫동안 가슴에 남았다. 누구보다 동물을 사랑하지만 되돌아오는 따뜻함보다 거절이나 회피를 겪어 왔기 때문이다. 힘 조절이 안 되고 기다림도 어려웠던 아이가 동물을 잘 돌볼 리 없었다. 8년을 키운 강아지는 옆에 앉아만 있어도 으르렁, 입양하고 5년이 넘은 강아지는 일체 그런 일이 없는데 아이가 손만 뻗으면 앙! 하고 짖는다. 그런 푸대접만 받던 아이가 나를 좋아하는 동물을 만났을 때! 얼마나 행복했을까! 꽤 긴 시간을 아이 곁에서 머물며 포슬포슬한 감정을 일으켜줬던 그 고양이는 하나님이 보내주신 선물이 아니었을까!

"5월은 어디 가?"

돌아오는 차 안에서 불쑥 아이가 물었고, 잠시 긴장을 누른 채 옛다! 모르겠다! 뱉어 버렸다.

"양양!"

"양양. 어디?"

"강원도야. 바다야."

"……"

그동안은 한 시간 반에서 두 시간 사이의 거리만 여행지로 가능했다. 처음 충청도로 넘어와 두 시간이 넘게 되었을 때도 설득하느라 시간이 좀 걸렸는데 천사 고양이 덕분이었을까, 이번엔 거부가 없었다. 한창 대관령과 강릉 목장에 빠져있던 시기에 수시로 다니던 곳이라 강원도가 어느 정도 거리인지 아이도 빤하다. 일전에 여행지를 함께 고를 때에도 지도를 보면서 강원도는 멀다고 손사래를 쳤었는데 이제는 괜찮은가 보다.

아이가 변했다.

"그다음은? 다음엔 어디 가?"

쿵쾅쿵쾅! 또 모르겠다!

"제주도!"

"제주도?"

"근데 희랑아, 이번에는 배 타고 갈 거야. 차를 싣고 가야 해서 배타고 갈 거야. 배 타고 가본 적은 없잖아. 어때? 재밌겠지?"

아이 눈치를 살피며 나도 모르게 구구절절 해명하는 것이 자존심도 좀 상했지만,

"비행기 아니야. 배 타고 갈 거야. 배 타자."

이 정도 반응이라면 자존심 따위야! 벌써 언제 정해 놓고 말할 기회를 보던 참이었는지 모른다. 가슴을 졸이며 때만 보던 일을 이렇게 통크게 받아 주다니.

내 아이가 정말 변했다.

덕동골 캠핑장 ★★★★☆

◦ 계곡 접근성 좋음

◦ 큰 나무가 많아 그늘이 넉넉함. A-1

◦ 주인 부부 매우 친절하시고 매점 물품도 막 깎아 파심

◦ 화장실, 1인 샤워실 시설 깨끗함 (상)

2박, 8만 원

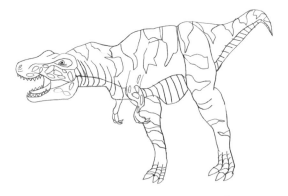

2021.10.22 티라노싸우로스렉스 희랑

PART 3
여름

바다가 재워주는 낮잠
ㅈㅇ 20210518

11
양양
말을 하지 않아도 넌 안전해

2021.5.10-12 · 월-수

육아를 시작하고 지금까지 서너 번 목소리가 나오지 않았던 경험이 있다. 목감기가 원인인 적도 성대결절 진단을 받은 적도 있었다.

처음 겪었을 땐 아이 발화가 되지 않았을 때라 '희랑이한테 말 걸어야 하는데! 동화책 읽어 줘야 하는데!'로 가슴이 아팠던 기억이 나고

희랑아, 엄마 목소리가 안 나와.

3일 동안 쉬고 약 먹으면 다시 말할 수 있어.

그러니까 걱정하지 마. 엄마 괜찮아.

핸드폰으로 써서 보여줬을 때 읽자마자 "엄마 목소리 돌아 와! 엄마 죽지 마!"하며 품에 안겨 통곡하던 아이도 기억이 난다.

그리고 지금, 그 상태가 다시 찾아왔다. 아직 바람 새는 소리만 나는 최악은 아니고 최대한 말을 아끼며 조심하고 있지만, 한계가 있다. 아이는 수시로 내 목을 눌러보고 귀를 바짝 붙여 소리를 내어 보라며 확인을 한다. 그리고 하는 혼잣말,

"내일은 나올 거야. 내일은 나올 거야."

아침에 작은 소리가 나오다 저녁이 되면 갈라지는 상태를 반복하던 중, 하루는 아예 말을 하지 않았다. 그리고 알게 되었다. 아이는 아주 소소한 것 하나하나를 반복해서 확인받고자 했고 나는 지나치게 성의껏 대답을 해왔다. 지금도 아픈 목이 브레이크를 걸지 않았다면 열 번도 스무 번도 대답했을 것이다.

거실 테이블에 함께 앉아 있다가 화장실에 다녀오겠다는 아이는 자리에서 일어나면서

"엄마, 화장실 다녀올게요."

(눈짓으로) "응, 다녀와."

화장실로 가면서 두세 번 더 "화장실 가요." "얼른 갔다 올게요." "나 화장실 간다."

들어가면서도 들어가 앉아 있을 때도 나오면서도 셀 수 없이 확인했다.

"엄마, 어디 있지?" "엄마, 거실이에요?" "엄마, 나 나왔어요." "엄마는 목이 아파." "엄마는 목소리가 안 나와."

발화가 없던 아이의 한마디 한마디가 나에게 더없이 소중했고 그런 소중한 말이 무시된 채 공중에 흩어지는 것이 싫었다. 그래서 아이보다 더 공을 들여 몇 배로 대답해 주었던 것이 나에게 습관이 되어 남아버린 것이다. 또 이런 대화를 통해 아이가 심리적 안정을 유지한다고 느끼게 되면서 습관은 강화가 되었다.

지금 상황을 자책하거나 후회하는 것은 아니다. 오히려 벌려 놓은 것을 아무려 정돈할 수 있는 상황에 도달한 것에 감사하다.

항상 넘치는 것이 아이의 문제였다. 행동이 날다람쥐처럼 지나치게 빠르고 감각이 과하게 예민해서 알 수 없는 타이밍에 비명을 지르고 힘쓰는 법을 몰라 폭력을 만드는 아이였다. 이런 아이를 가르쳐오면서 눈물이 쏙 빠지게 힘든 날도 있었다. 왜 아닐까?

그러나 가슴을 내리치며 눈물을 쏟아 내는 순간에도 더 단단하게 나를 지탱해 준 감사함이 있었다.

'그래도 가고 싶은 곳이 있는 게 얼마나 감사해.'

'그래도 하고 싶은 일이 있는 게 얼마나 감사해.'

스스로 동력을 찾지 못하고 무기력한 아이가 아닌 것에, 그래서 동기부여가 아닌 <조절>을 가르치면 되는 것에 진심으로 감사하며 살아왔다.

'그래도 말을 하는 것에 얼마나 감사해!'

'지금이다! 이번에 가르쳐 보자.'

처음만큼 불안함을 느끼는 것 같지 않은 아이를 보면서 이 상황을 계기로 쉼 없이 말하는 아이 습관을 고쳐야겠다는 마음이 섰다. 이런 도전이 처음인 것처럼 기대 반 설렘 반 의심도 반이다.

"여보, 나 요즘 <몰라요> 가르치고 있어요."

항상 네, 아니요 중에서 답을 골라야 하는 아이에게 제3의 대답을 가르치면 더 부드러운 상황을 만들 수 있다는 걸 알았을 때다. 이외에도 남편에게 새롭게 시작하는 것에 대해 늘 알려왔는데 교육 방향을 체크하고, 불안한 마음에 용기를 채우고, '두고 봐요. 해낼 테니.' 의욕을 다지기도 하는 내 육아에 매우 의미 있는 과정이다.

"그럼 곧 하겠네. 한 3개월 정도인 것 같아. 여보가 얘기하고 얼마 지나면 그렇게 하고 있더라고, 희랑이가."

이런 믿음으로 나를 뛰놀게 하는 남편은 진정한 고수다. 한결같이 육아를 말빨로 퉁 치는 대단한 능력자.

3개월. 3개월 후에 아이는 말 반복을 줄이고 있을까? 말을 하지 않아도 불안하지 않을 수 있을까? 무엇부터 시작해야 할지 아직은 모르겠지만 옆자리에 앉아 수시로 목을 눌러보며 나를 살피는 아이와 열심히 달렸다. 마음만큼은 작은 로켓을 타고 지구 밖으로 날아가는 기분이다. 아이와 나만 사는 행성으로.

차 안에서 아이는 매우 안정적이다.

언제 핸드폰을 시작하고 끝내야 하는지 잘 알고 지킨다. 기다리면서 조바심을 내거나 더 하고 싶어 짜증을 내는 일도 없다. 유튜브를 보면서 나에게 말을 거는 습관은 여전하지만 "엄마는 목이 아프지, 목소리가 안 나오지."라는 대답을 스스로 하며 나에게 강요하지 않는다.

도로에 차가 많아지면

"위험하니까 말하지 말자, 사고 나면 큰일 나지."

야간 운전을 할 때도

"밤에 운전할 때는 말하면 안 돼. 위험해."

더 하고 싶은 다음 말을 자제한다.

몇 번이나 핸들을 움켜쥐고 관자놀이를 눌러 가며 참고 참아낸 것이 오늘을 만들었다. 공짜는 없지만, 반드시 변화는 있고 그래서 멈출 수 없는 우리의 사이클이다.

바다가 코앞인 목적지에 도착해서 아이는 신이 났다. 이리저리 주변을 둘러보고 모래 위를 뛰어다니고 제대로 들뜬 얼굴이었다. 바다가 내려다보이는 거실을 두고 살지만 동해는 너무나 다르다. 파도, 색깔, 하늘, 모래, 바람, 온도…. 이름을 제외한 모든 것이 다른 것 같다.

아이가 물에서 놀 때는 가까운 모래사장에 앉아 있다가 뛰쳐 나오는 아이 얼굴을 닦아주면 되었다.

"파도는 짜지. 아우 정말 짜!"

그렇게 흘려보내는 파도 하나 없이 맨몸으로 파도를 즐겼다. 그때만 해도 돌고래처럼 떼 지어 한 곳을 응시하는 서퍼들이 우습기도 했다. '역시! 진정한 맨몸 서퍼!'하면서 말이다.

한창 파도와 함께 점프를 뛰며 신이 났던 아이가 순식간에 위태로웠다. 많이도 아니고 한 발짝 사이 같은데 허우적거리는 것이다.

"희랑아, 그만 가. 이쪽으로 와!"

내 소리에도 몸이 말을 안 듣는 모양이었다.

반사적으로 촬영하던 핸드폰을 던지고 머리를 묶으며 나를 진정시켰다. '아니야. 정신 차려. 나는 안 돼.'를 깨닫고 옆에서 쉬고 있던 서퍼에게 도움을 청했다.

"좀 도와주시겠어요? 아이가 빠진 것 같아요!"

그렇게 보드로 아이를 가볍게 꺼내 주었다.

놀란 아이가 물에서 나오면서부터 손으로 X를 그리며

"깊은 물은 위험해. 안 돼 안 돼, 절대 안 돼. 위험해!"

품에 안겨서도 같은 말을 되풀이했다.

"이쪽은 갑자기 깊어져요. 물놀이하실 거면 저쪽 가장자리로 가세요. 저긴 완만해요. 혹시 저 필요하시면 저기 노란 보드 서 있는 곳에 있을 테니 그리로 오세요."

시간이 좀 지나고 언 몸이 풀리니 정신이 돌아왔다.

멀리서 강습하는 걸 보니 서핑 선생님이셨나 보다. 그리고 아이가 놀던 곳은 해변 가운데였는데 그래서 경사가 가장 가파르고 사람이 없던 것임을 늦게나마 깨달았다.

(같은 바다, 같은 장소라도 바다는 매번 상황이 다르다. 그날그날 바람이나 깊이를 확인하며 노는 것이 안전하다. 가까운 서핑숍 중에 바다 상황을 적어 문 앞에 내어 놓는 곳이 있다. 참고하길 바란다.)

완만하다는 가장자리로 옮기고도 아이는 한동안 파도가 닿는 끄트머리에 앉아 있었다. 그 풀이 죽은 뒷모습을 바라보면서 '살은 떨리지만 그래도 하나 배웠구나. 다시는 가슴이 잠길 만큼 들어가는 일은 없을 거야.'라는 안도감이 들었고 실제로 그랬다. 턱을 덜덜 떨면서도 더 놀겠다는 아이 손을 끌고 물놀이를 마무리했다. 손이 얼음장이었다.

샤워하고 늦은 점심을 먹고 나란히 누워 수다를 나누던 아이가 세상에서 가장 무겁다는 눈꺼풀에 무릎을 꿇었다. 이른 아침부터 에너지를 쏟아낸 것도 한몫했겠지만 무엇보다 여행 중에 안정을 느끼게 된 아이를 보며 기뻤다.

'낮잠이라니. 희랑이가 낮잠이라니.'

곧 잠에서 깬 아이는 모래로 나갔다. 물놀이하는 시간을 빼고는 종일 모래 위에서 놀았다. 경사를 찾아 미끄럼을 타거나 거꾸로 눕고, 땅을 파고 드러누워 모래 이불을 덮고, 비눗방울 놀이, 불꽃놀이도 하면서 두 밤 모두 자정까지 놀았다.

그렇게 잘 놀고 잠자리에 든 아이는 평소와 같은 긴 수다 없이 곧바로 잠이 들었다. 그 덕분에 나도 밤잠을 설치지 않고 두통 없이 푹 잘 수 있었다. 그리고 두 번의 똑같은 6시 20분, 어느 때보다도 가벼운 아침을 맞았다.

이번 여행은 우리 둘에게 큰 전환점이다.

장거리 여행에 심한 거부가 있던 아이가 틀을 깼고 심지어 꽁꽁 묶어두었던 빗장을 푼 것처럼 낮잠을 잤다.

아직 두 번째 날 저녁은 외식을 해야 하고 반드시 숯불닭갈비를 먹어야 했지만 아이 반응으로 보아 조만간 자연스럽게 소거될 듯 보였다.

대신 마지막 날 돌아오는 길에 들르던 마트와 서점을 이번에는 가지 않겠다고 했다.

"정말? 정말 가지 않아도 되겠어?"

"작업실로 가요. 그림 그리자."

강박이 있어 그날 시작한 그림은 반드시 그 자리에서 완성해야 했던 아이가 요즘은 며칠에 걸쳐 나누어 그린다. 남겨 두고 온 그림이 생각났는지 오늘은 그 그림을 그리러 가자는 것이었다.

비록 도착해서 그림을 그리지 않았지만, 끙끙거리며 힘겹게 나름의 마침표를 찍어야 직성이 풀리던 아이가 <미룸>을 배운 것이 너무나 반가웠다.

나는 처음으로 밤이 무섭지 않았다. 아이 수다에 두들겨 맞다 두통이 생기고 그렇게 잠이 깨면 불편한 어둠과 얼마간 씨름을 하고 그러고도 운이 좋으면 어렵게 다시 잠드는 것이 다반사였다. 나뭇잎이 부딪히는 소리, 고양이 기척 소리에 눈이 번쩍 떠지던 지난밤들을 보내며 배포가 커진 듯하다.

무엇보다 큰 변화는 우리가 나누었던 무언의 대화였다. 아이가 모래사장에서 놀 때 우리는 주로 몸짓으로 대화를 했다. 말로 하기엔 거리도 목 상태도 문제여서 시시때때로 눈빛이나 끄덕임 또는 손짓으로 아이와 소통을 했다.

정확한 확인이 필요했을 때 아이는 나에게 달려왔는데 그게 딱 세 번이었나 보다. 딱 세 번.

세 번이면 되는 아이에게 나는 너무 많은 말을 해왔다. 여전히 발화가 안 되는 아이를 대하듯 깨어질까 부서질까 전전긍긍했다.

돌아오지 않는 대답을 기다리며 끊임없이 했던 혼잣말 못지않은 절실함을 담았다. 그때처럼 이번에도 아이에게 닿길 바라며, 눈이 마주칠 때마다 소리를 삼키고 외쳤다.

"그거 봐. 말을 하지 않아도 넌 안전해."

양양 죽도 야영장 ★★★★☆

◦ 해변 모래사장과 바로 연결됨. C-120

◦ 화장실 깨끗함 (상)

◦ 샤워실 시설 양호함 (중, 온수 잘 나옴, 탈수기 있어서 매우 좋음)

◦ 야영장 길 건너편에 하나로마트 있음

2박, 9만 원 (기본 3만 5천 원+전기료 1만 원×2일)

ㅈ020210616 춤추는 동심

12
제주
네 밤 여행

2021.5.23-27 · 일-목

배를 타고는 처음이다. 출발해서 완도항까지 휴게소 들른 시간을
포함해 5시간 30분, 너무 일찍 도착해 배를 타기 전까지 세 시간을 기
다렸다. 승선 5분 전, 카운트 다운을 하던 아이가 끝내 눈물을 흘렸다.

"희랑아, 왜 울어? 왜 짜증 내는 거야?"

"빨리 타고 싶어서."

왜 아닐까! 눈을 뜬 새벽 5시 30분부터 오후 3시까지! 이 긴 시간을!

끝까지 받아 주지 못하고 퉁명스럽게 던졌던 질문이 미안했다. 돌아오는 길도 배고픔을 빼고는 크게 어렵지 않았다. 돈스가 먹고 싶다는 아이와 들른 휴게소마다 번번이 준비 중이라며 허탕을 치고 네 번째 휴게소부터는 곧장 집으로 달렸다. 아이는 차라리 얼른 집에 도착하는 것이 낫겠다 싶었나 보다.

평소에는 즐기지도 않는 돈가스를 찾으며

"아, 배고파. 돈가스가 먹고 싶어 죽겠네!"란다.

아침을 제주도에서 간단히 빵으로 해결하고 휴게소만 기다리며 저녁 6~7시까지, 배가 주릴 만도 했다.

"생선구이 먹자. 먹고 배 타자."

매달리던 나를 그렇게 뿌리치더니! 그나저나 이 많은 메뉴 중에 돈가스가 아니면 아이가 먹을 수 있는 음식이 없는 것이 기가 막혔다.

어쨌거나 이 긴 여정을 계기로 2~3시간 이동 거리는 우스워졌다. 작아진 껍질을 벗고 새 옷을 얻은 것처럼 아이는 한 번 더 성장했다.

제주에 머무는 5일 동안 먹은 제주 음식이라고는 흑돼지구이와 해녀 김밥 두 가지다. 아이는 흑돼지구이가 유일하다.

장 봐온 소고기를 굽거나 프랜차이즈 치킨과 피자, 햄버거가 아이의 주식이었다. 나는 차라리 굶으면 굶었지, 햄버거는 그만 먹고 싶다.

"희랑아, 엄마 칼국수 한 그릇만 먹을게. 너는 차에서 기다려. 식당 바로 앞에 차 세울게."

"안 돼요, 안 돼. 엄마, 먹지 마세요. 엄마~~~"

이건 내가 이겨야겠다! 결심이 서는 때가 있는데 이번은 아니었다. 마냥 억지가 아니라 나와 떨어져 있는 것을 불안하게 느끼는 오늘은 내가 양보해야 했다. 열심히 검색한 보말 칼국수는 눈으로 맛있게 먹었다. 제주 여행을 다녀와서 허기로 체중이 줄었다. 이게 웃픈 나의 현실이다.

"여보, 나중에 우리 둘이 와서 다 먹자. 보말 칼국수도 갈치조림도!"

"그래, 그래. 우리 얼마 안 남았어. 금방이야. 꼭 그러자."

남편과 나란히 앉아 제주도에서 먹을 음식을 상상하며 또 한 가지 버킷리스트를 남겨두었다.

지천으로 널린 좋은 음식이 입으로 들어오지 못해도 이곳이 애틋하고 아름다운 이유는 역시 자연이다. 고유 명사와도 같은 제주 나무, 제주 돌, 제주 풀, 제주 바람을 느끼고 있으면 행복감을 넘어선 슬픔의 감정까지 치닫는다.

특히나 바다는 아이와 내가 함께 좋아하는 자연이라 오전 일정을 마치고 저녁 마트에 들르기 전까지 매일 나가 있었다. 하루는 해가 좋았고, 하루는 바람이 심했고, 하루는 빗방울이 떨어졌다. 파도와 한 몸이 된 아이는 아이대로 모래에서 꼬물대며 아이를 지켜봤던 나는 나대로 행복했다.

　삼양 해변과 함덕 해변은 완만해서 아이를 풀어놓기에 부담이 없었다. 지난번 양양 바다에서의 해프닝으로 아이도 나도 긴장을 했던 터라 이번에는 온순한 파도가 반가웠다.

　주로 기어 다니다 높은 파도가 오면 벌떡 일어나고, 갑자기 일어나 파도를 발끝으로 헤치며 해변을 달리기도 했다. 파도가 밀어주는 그네에 몸을 맡기고 평온해 하는 아이를 며칠이라도 곁에 앉아 지켜볼 수 있을 것 같았다.

　머리부터 발끝까지 물과 모래를 뒤집어쓰면서도 눈코입으로 들어가는 것은 참지 못하는 아이가 얼굴을 닦아달라며 드나드느라 만든 모래 위의 부채꼴 발자국은 한 곳을 향해 있었다. 나다. 아이의 세상이고 유일하게 마음을 맡기는 곳. 때로는 목을 조르고 때로는 바닥에서 일으키며 극과 극을 경험케 하는 신통 방통한 관계다. 여느 부모와 자식처럼 말이다.

　마지막 날 하루 남은 물놀이 장소를 고르면서
　"희랑아, 검은 모래가 좋아? 하얀 모래가 좋아? 삼양으로 갈까? 함덕으로 갈까?"
　"삼양, 함덕."
　"둘 다 좋아?"
　"네. 둘 다 좋아요. 함덕 해변은 7월에 가자."

"7월? 7월에 다시 오자고?"

"배 타고 오자. 배가 좋아요."

오래 차를 타는 두려움도 집을 떠나 긴 여행에서 느끼던 부담감도 모두 잊게 해 주는 바다다. 그렇게 고마운 바다다.

"엄마, 더 할래요. 바다 좋아요. 내일도 할래요."

"그럼 우리 하루 더 있다가 집에 갈까? 그래도 되겠어?"

"네! 그래도 돼요. 내일도 할래요…. 집에 가야지."

그렇게 단단하던 귀소본능을 잠시나마 무너뜨리다니. 자연만 부릴 수 있는 마법이다.

하지만 무심도 하지, 자연은 이번에도 아이의 틱을 가져갈 생각이 없나 보다. 저러다 목뼈가 삐끗하면 어떡하지, 내 방법이 치유가 아닌 방치가 되어 병을 키우기라도 하면 어떡하지. 끝없는 소란이 마음 안에서 일지만, 나를 달래고 달랜다.

'이번이 아니라면 다음에, 그때도 아니라면 그다음에는 가져가 줄 거야!'

나는 나에게 필요와 목적이 있는 인간관계에서 대단히 열정적이다. 그리고 솔직하다. 문제는 한계 설정을 못한다는 것이다. 다 줄 것처럼 빠진다. 결국 그러지도 못하면서 말이다. 내가 열정적일 수 없고 솔직할 수 없고 빠질 수 없는 관계에는 참 의욕이 안 생긴다. 관심이 없는 상대에게 적당히 공감해 주고, 그들이 듣고 싶을 법한 말을 해 주는 데에는 도무지 재주가 없다.

상황이 이렇다 보니 공감보다는 이해하려고 노력한다. 나와 다른 의견도 이해의 과정이 순조로우면 존중도 된다. 나이를 먹으면서 도량이 넓어지기는커녕 점점 더 어려워지는 것이 사람이지만 내가 갖은 몇 안 되는 기술로 애쓰는 중이다.

현저히 취약한 관계의 필요성을 지속적으로 가르치는 존재는 자식이다. 엄마의 활동 범위만큼 아이가 친구를 만날 수 있는 환경에서 첫 아이를 양육했고, 나에게 맞지 않는 관계 확장을 아이를 위한 일이라 믿고 무리하다 가슴 통증을 느꼈다. 사교육이 정보가 되어야 하는 일도 선생님 랭킹을 매기는 일도 상대방이 홀딱 빠져있다는 연예인에게도 얼마만큼 관심이 없었는지 확인할 수 있었던 계기였다.

그렇게 접었던 일을 작은 아이 때에는 몇 배로 했다. 선생님과 반 친구들 그리고 부모님들에게 아이를 설명하는 일이 교실밖에 있는 내가 아이의 학교생활에 도움을 줄 수 있다면 응당 변해야 했다.

아이가 아니었다면 복지관에서 교육 기부를 했을 일도 공동육아를 구성했을 일도 SNS를 활발히 할 일도 없었을 것이다. 내가 지금껏 인간이 맺는 무수한 사슬에서 떨어져 나가지 않고 끝자락이라도 붙들 수 있는 이유는 아이이고, 아이가 갖은 동심 덕분이다. 그 유리알처럼 투명하고 빛나는 것이 늘 나를 움직인다.

이곳에서 굉장히 이색적인 동심을 경험했다.

전이수라는 14살 아이, 동시에 작가다. 처음 TV에서 작품과 함께 아이를 접했을 때는 그저 재능과 남다른 감성이 놀라웠다. 그건 지금도 여전하다.

그런데 어느 시점부터인가 아이의 글이 나를 방해했다. 그리고 결국 그 아이한테서 멀어지게 했다. 정말 이 아이가 경험을 통해 이 감정을 느꼈을까, 내 아이가 나의 말을 모방하는 것처럼, 어디선가 접했을 누군가의 말을 옮기는 것은 아닐까. 그렇더라도 혹은 그렇지 않더라도 어른 같은 말을 하는 이 아이가 불편했다.

함덕 해변에서 우연히 <걸어가는 늑대들>을 보았을 때, "어!" 하고 반가웠음에도 선뜻 들어가지 못하고 하루를 고민했다.

'괜히 한 아이의 동심만 내 마음대로 깎아내리면 어쩌지.'

그건 나에게도 괴로운 일이었다.

'선만 보자. 선만!'

직접 보고 싶었다. 그 동심이 그리는 선을.

전이수 갤러리는 영상으로 시작한다. 물론 나는 그때부터 울었다. 소재가 나에겐 아킬레스건이기도 했고 옆에 앉은 아이와 영상 속 아이를 교차하며 휘몰아친 많은 감정이 있었다. 세상의 모든 엄마에게 세상의 모든 아이가 해 줄 것 같은 말을 내 아이는 할 수 없는 표현력으로 말해주고 있었다.

그렇게 궁금했던 그림 속의 선은 너무나 반갑게도 아이의 것이었다. 동심을 흉내 낸 어른에게서 나온 것과 달랐다.

'역시 아이구나! 이게 이 아이가 갖은 동심이구나! 이 아이의 동심은 이런 모양이구나!'

단순하고 꾸밈이 없고 천진난만해야만 동심이라고 생각했었나 보다. 그래서 진지한 이 동심이 낯설었던 것 같다.

복잡하던 감정이 다행히도 갤러리를 나오면서 정리가 되었다. 열 명의 아이가 갖은 열 개의 동심을 이해하게 되면서 그간 가졌던 죄책감을 조금 덜 수 있었다.

그리고 내가 지켜야 하는 한 동심이 선명하게 눈에 들어왔다. 아이는 진작부터 관람을 마치고 앞뜰에 앉아 나를 기다리고 있었다.

'그래. 넌 너의 동심을 쫓아! 바다로 가자!'

여행 내내 아침 일찍 나오고 밤에 들어가다 보니 캠핑장에 오래 머무는 날이 없었다. 물놀이가 끝나고 마트에 가기 전 씻으려고 잠시 들렀을 때 30분만 쉬기로 하고 누웠는데, 함께 누워있던 아이가 갑자기 불안해하며 차로 뛰어갔다. 그러고는 다시 와서 당장 가자고 재촉이었다.

차로 피할 때까지는 파악하지 못했고 후에는 알았다. 옆 텐트 아이의 소리, 조용하다가 갑자기 악을 쓰고 그러다 다시 깔깔 웃고 하는 4살, 2살 정도의 형제였다.

한동안 아이는 어린아이의 울음소리에 숨거나 도망치고 울던 아이

보다 더 크게 울음을 터트렸다. 아가들이 울지 않아도 고만한 어린 동생들이 보이면 멀리서부터 미리 피하느라 신경을 곤두세웠다. 지나간 줄 알았던 긴장의 시간이 다시 찾아온 것이다.

"그래, 그래. 얼른 가자!"

서둘러 챙겨 차 문을 열었을 때 아이는 공포에 짓눌린 채 어깨를 웅크리고 울고 있었다. 그 모습에 마음이 찢겼다.

진짜 힘든 시간은 마지막 날이었다. 아침에 일어난 옆 텐트 아이가 악을 쓰기 시작하면서 이미 내 아이의 불안이 시작됐고 그 악이 반복되자 아이는 뒤집혔다. 어제까지 하루 더 머물고 싶고 여름에 다시 오고 싶다던 그 제주도가 더는 아니었다.

"엄마, 이제는 여행 싫어요! 그만 해요! 6월에는 여행 안 가요! 여행 싫어요!"

울음과 투정과 불안을 토해 냈다.

"희랑아, 얼른 차로 가 있어. 가서 유튜브 봐. 엄마가 얼른 텐트 정리할게!"

벼락을 맞은 것처럼 벌떡 일어나 짐을 싣고 텐트를 걷으며 화가 나는 대상은 옆집 부모였다. 아이가 캠핑장에서 그렇게 괴성을 지르고 고집을 세우는데도 단 한 번의 제지나 훈육이 없었다.

"○○야! 이게 뭐야! 옷이 다 젖었잖아!"

같이 소리를 높이거나

"거기 아니야! 아니야! 아니라고!"

"그럼, 여기? 이 의자에 앉으라고?"하는 부모였다.

몇 번을 차에서 내려 여행이 싫다며 보채는 아이에게

"우는 소리가 힘들면 니가 피해! 차에 가 있어!"

했던 내 목소리가 안 들렸을 리 없다.

"도대체 왜 저렇게 소리를 지르는 거야!"

했던 내 목소리가 천 몇 장을 뚫지 못했을 리가 없다. 그러나 단 한 번도 아이를 말리지 않았다.

숨을 몰아쉬며 반쯤 정신이 나간 듯 짐을 싣고 운전석에 타려는데 유유히 네 가족이 나와 한발 앞서 차를 타고 어디론가 가 버렸다.

"희랑아, 동생들 나간대! 걱정하지 마! 이제 소리 안지를 거야."

나의 말끝에 아이는 팔짝팔짝 뛰며 웃음을 되찾았다.

"3번 연속으로 소리 질러! 3번 연속으로!"

평정심을 되찾은 아이의 말이 아팠다.

캠핑장에는 두 집만이 아니었다. 나의 반대쪽 이웃에게는 나와 내 아이가 소음 유발자였을지도 모른다. 그저 시끄러운 두 옆집 중 하나에 불과할 수도 있다. 내 소중한 아침에 튄 진흙물이 불쾌했고 누군가의 똑같은 아침에 같은 짓을 한 것 같아 미안했다.

'이럴 줄 알았으면 드라이브하면서 잠깐 나갔다 오는 건데!'

폭풍이 지나가니 뒤늦게 생각이 들었다. 옆집의 움직임과 상관없이 그렇게 했더라면 적어도 내 아이는 덜 괴로웠을 것이다. 왜 그때는 그 생각을 못 했을까! 진땀을 빼고 하나를 또 배웠다.

　남편에게 아이가 하듯 억울함을 일러바치고서야 마음이 조금 풀렸다.

　"여보가 그런 말을 했어? 그런 말도 할 줄 알아? 많이 발전했네! 근데 우리 예전 같았을 수도 있어. 그때처럼."

　남편이 말하는 그때가 언제인지 생생히 기억한다.

　애써 식사 시간을 피해 한가한 때를 골라 들어간 식당에서 아이가 돌고래 소리를 질렀다. 식당 전체가 한 뼘 정도 점프를 한 것 같은 시각적 혼돈까지 올 정도로 소리는 뇌를 찔렀다. 두 번째 돌고래 소리가 난 후 옆 테이블에 앉아 있던 남자가 말했다.

　"거! 아이가 알아듣게 말을 좀 하쇼!"

　말이 끝나기 무섭게 나는 사과하기에 바빴고 남편 얼굴은 타 들어가기 시작했다.

　"여보, 우리 나가자."

　"아냐. 다 먹어. 다 먹고 나가."

　결국 나는 급체로 아팠고 이후로 몇 년 동안 우리 가족은 식당에 가지 않았다.

　나에게 있었던 그날처럼 그 부모도 아이에게 설명할 수 없는 사정이 있었으리라 생각하니 이해가 됐다.

뜻하지 않게 서두른 덕분에 떠나기 전 바닷가에 차를 세우고 잠시 머물 수 있었다. 바라보는 마음이 어제와 달라 제주가 갖은 색도 다른 의미로 이해되는 순간이었다.

얼마나 많은 사람이 이곳에서 얼마나 많은 이야기를 내려놓았을까! 네가 왜 이리도 짙고 깊은지 이제 알겠어.

"들어줘서 고마워."

벨리타 캠핑장 ★★★★★

◦ 제주항에서 30분

◦ 화장실, 샤워실 깨끗함 (상)

◦ 매점은 아주 기본적인 것만 갖춰져 있음. 근처에 하나로마트 있음

◦ 돌담과 텐트 앞으로 귤 밭이 있어 분위기 좋음

4박, 10만 원(기본 2만 5천 원×4일)

13
양양
조화로운 두 쌍의 단짝

2021.6.7-9 · 월-수

아이의 언어가 변했다.

도서관에서 책을 찾던 아이가 한쪽에 앉아 기다리는 나에게 다가
와 말했다.

"기다려 주셔서 감사합니다, 엄마."

음식을 만들어 식판을 건네는 나에게

"만들어 줘서 감사합니다, 엄마."

이런 말에 숨이 잠시 멎은 건 뉘앙스 때문이다. 자연스럽고 편안한 그 말투에서 아이의 심리가 읽혔다.

'엄마, 나 불안하지 않아요. 내 마음이 편해요.'

요즘 아이와 내가 하는 언어 교육을 정리하면 이렇다.

끊임없이 말을 반복하던 아이를 끊임없이 받아 주었다. 그러다 내가 지치고 병이 든 어느 시점에(그게 13살, 올해다.) 제한을 만들었다.

"오늘 열 번 했으니까 내일 또 열 번 하자."

아이는 힘들지만, 내일을 기다리며 참아주었다.

그리고 몇 달 뒤 다시 한번 제한을 두었다. 이 무렵에 아이는 강박에서 꽤 부드러워진 상태였다. 정해진 요일이 아니어도 작업실에서 그림을 그리는 것이 괜찮았고, 가족과의 관계에서도 오전 학습에도 큰 예민함을 보이지 않았다.

그림 그리기에 집중하면서도 쉼 없이 말을 하는 것을 당연한 것으로 여기는 아이를 보며 오늘을 놓치지 말아야겠다는 마음이 섰다.

"희랑아, 멈춰봐. 엄마가 할 말이 있어.

희랑아, 그림을 그리면서 계속 말을 하는 건 이상해. 했던 말을 또 하고 또 하고 계속 말하는 건 이상해. 어제 했던 말을 오늘도 하고 내일도 하는 건 이상해. 그런 사람은 없어. 그러니까 이제 했던 말은 그만해."

아이 눈동자가 흔들렸다.

"그럼 언제 해요? 내년에 해요? 2023년에 해요? 언제 해요?"

"안 해도 되는 말이야. 안 해도 괜찮아."

그날 이후로 아이가 같은 이야기를 반복하면 "알고 있어."로 짧은 대답을 하거나 대답을 하지 않았다.

"엄마, 친구 초대는 언제 하지?"

"엄마, 책은 언제 주문하지?"

"엄마, 산책하고 몇 시에 돌아오지?"

"알고 있지…. 했던 말이지…."

마음의 정리를 하는 아이에게 내가 해야 할 일은 최대한 안정을 유지하도록 급하게 밀어내지 않는 것이었다. 친절한 "알고 있어."로 대답을 하거나 눈맞춤으로 답을 주었다.

'알고 있잖아. 엄마가 왜 대답을 안 하는지 알지?'

동시에 집중력을 늘리는 훈련을 하고 있다.

공부를 시작하면 첫 번째로 필사를 하고(5절씩, 처음에는 오래 걸렸지만, 이제는 부담 없이 소화한다.) 다음으로 책을 읽는다.

<샬롯의 거미줄>을 매일 한 장(chapter)씩 읽고 있는데 처음에는 읽기 시작과 동시에 심한 틱이 나오고 한 시간이 넘는 과정 동안 몸을 배배 꼬며 집중하기 어려워했다.

하지만 아이는 곧잘 적응해 책의 중반으로 들어오며 40분, 후반을 읽을 때는 15분 정도로 놀라운 시간 단축을 만들었다. 그만큼 집중력

이 늘어난 것이다.

수도 없이 함께 해 온 과정을 통해서 아이도 충분히 알고 있다. 엄마와 함께 하는 공부에는 <아주 쉬운 것>과 <아주 어려운 것>이 있다는 것. 아주 어려운 것이 아주 쉬운 것으로 바뀌는 어느 날 새로운 아주 어려운 것이 또 생긴다는 것.

"그거 봐! 아주 쉽지! 금방 하잖아! 얼마나 잘 해!"

학습이 끝나면 입버릇처럼 하는 아이의 말이다. 이전에는 나의 말이었다.

수학에서 사칙연산은 필수지만 외적인 것들(분수, 소수, 단위 등)은 기본 개념을 익히는 정도의 반복으로, 일상생활을 하는데 필요한 만큼에서 벗어나지 않으려 한다.

하지만 국어는 다르다. 글은 읽지만 더듬거리거나 말은 하지만 혀가 둔해 전달이 안 된다면 결과적으로 소통에 어려움이 있다. 2+3은 5! 눈으로 문제를 보면 딱! 답이 나오는 훈련은 국어에서 더 필요하다. 능숙하게 읽고 입으로 말하는 연습을 위해 시작한 공부인데 집중력과 인내력이 함께 늘어나는 효과를 얻었다. 그리고 그 힘은 아이가 본인의 불안을 조절하는데 엄청난 영향력을 미쳤다.

그렇게 나온 말이다.

"기다려 주셔서 감사합니다, 엄마."

"다음 주는 여행 가는 월요일이네? 검단 롯데마트 가요."

"근데 희랑아, 지난번에 보니까 캠핑장 바로 앞에 하나로마트가 있잖아. 거기서 장을 봐도 될 것 같아. 이번에는 그냥 가자."

"알았어요!"

예상 밖의 상황과 거절에도 마음 아파하지 않는다. 얇디얇아 속살이 훤하게 비치던! 그래서 공기만 닿아도 아프던! 마음의 벽이 두꺼워진 것이다.

세 시간이 좀 넘는 거리도 양쪽으로 줄줄이 자리 잡은 캠핑장 이웃들도 이제는 우리에게 문제가 되지 않았다.

"희랑아, 쉿!" "더 작게 말하자." "여긴 캠핑장이야. 사람이 많아." 같은 말이 불필요했다. 아이의 조절 능력이 향상된 것도 내가 타인의 시선으로부터 자유로워진 것도 놀라운 발전이다. 나의 역할이라 여겨왔던 아이를 통제하는 일이 줄어든 것이 너무나 반가웠다.

옆집에서 들려오는 그들의 인생사가 자연스럽게 반대쪽 귀로 흘러나가는 것처럼, 때로는 웅~웅~ 진동뿐이고 언어로조차 들리지 않는 것처럼, 우리의 이야기도 그럴 것이다. 누구에게나 세상의 중심은 나다. 이 전제가 참 적절히 작용하고 있는 밤이 감사했다.

둘째 날, 오전 물놀이를 마치고 근처 장난감 가게를 다녀오며 아이에게 물었다.

"희랑아, 다른 사람들이 바다에서 타고 있는 거 봤어? 서핑 보드야. 희랑이는 그거 타고 싶지 않아? 안 필요해?"

"아! 타고 싶어요! 사 주세요!"

"근데 왜 말을 안 했어. 말을 하면 렌트해 줄 텐데. 그건 사는 게 아니고 빌리는 거야. 가서 빌려줄게. 재밌게 놀아."

첫 양양에 왔을 때부터 아이가 요구하기를 기다리다 내가 먼저 말을 꺼냈다. 무리가 있을 것 같은 강습은 빼고 장비만 대여했다. 물속으로 뛰어들고 싶은 아이에게 팔로 노 젓는 법이나 바른 자세로 서는 연습이 아직은 필요가 없다. 베이킹을 하기 위해 밀가루를 뿌리며 놀고 그림을 그리기 위해 욕실에 풀어헤쳤던 물감처럼 해소가 끝나야 다음 단계를 노릴 기회가 온다는 것을 익히 겪어 알고 있다.

보드를 발목에 묶고 있는 것만으로 팔딱거리며 즐거워하던 아이가 슬슬 머리를 썼다. 몇 번의 뒤집힘 끝에 기울어지지 않도록 가운데로 오르내리고 보드 위에 배를 깔고 눕기도 하고 등을 대어 하늘을 보기도 옆으로 눕기도 했다. 바다와 교감을 하는 듯했다. 서로를 알아야 가까워질 수 있다는 걸 아는 것처럼.

이런저런 자세를 잡고는 "엄마, 밀어주세요!" 한다. 손쉽게 끌고 밀고 하던 무게가 아니었다. 한 팔로 번쩍 안아 올리고 놀이터에서 함께 구르던 예전 어느 날이 스쳤다. 그러고 보니 몸으로 부딪치며 노는 것이 참 오랜만이었다. 언젠가부터 함께 땀 흘리는 것보다 지켜보는 일이 많아졌다. 오늘도 잠깐을 함께 놀다 "엄마, 모래로 가세요." 한다.

그렇지 않아도 남은 체력이 없었다. 몸이 굳고 손가락은 감각을 잃은 지 한참이었다. 놀이에 그렇게 목을 매던 내가 "들어가자." "그만하자." 체면을 구겨가며 얼마나 졸랐나 모르겠다.

"희랑아, 도저히 안 되겠어. 엄마 몸이 아파. 병이 날 것 같아. 이제 정리하자."

약속한 세 시간을 채우지 못하고 백기를 들었다.

당연한 역전이다. 힘이 앞섰지만 결국 스스로 보드 위에 서는 법을 터득한 아이도, '이까짓 물놀이'하며 덤볐다가 보기 좋게 나가떨어진 나도 지극히 자연스럽다.

여름을 준비하며 양양 해변을 뒤졌을 때,

'그래! 올해는 양양에서 까마귀가 될 거야!'했던 다부진 다짐이 떠올랐다. 그리고 목표를 세우면 가늠이 안 되는 본인의 속도로 그곳을 향하는 아이를 보며 번번이 감탄한다.

'너, 장애인 맞아?'

셋째 날 아침, 잠에서 깬 아이가 안절부절 이었다. 말이 하고 싶어서다. 변화에 잘 적응하는 듯하다가 불쑥 이런 날이 있다. 의자를 틈 없이 바짝 붙여 놓고는 몸을 돌려 나를 향해 앉은 아이는 질문을 하고 또 했다.

'엄마, 대답해요! 제발 대답해요! 불안해 죽겠단 말이에요!'

아이의 마음을 알지만 지금 흔들리면 더 혼란스러울 아이를 위해 한결같은 대답을 주었다.

"알고 있는 대답은 안 할 거야."

그렇게 신경전이 오가고 잠시 조용하던 아이가 다른 어조로 말했다.

"엄마, 나 울어요. 슬퍼요. 그럼 언제 얘기해요? 몇 시? 몇 분? 차에서 해요?"

바다에 꽂아 두었던 시선을 돌렸을 때 어깨를 늘어뜨리고 고개 숙여 우는 아이를 보았다.

"희랑아, 힘들지. 얼마나 힘들까! 근데 희랑아, 조절을 잘하면 친구들이 정말 좋아할 거야. 멋있는 어른이 될 거야!"

"난 멋있는 어른이 될 거야!"

나의 말을 꾹꾹 눌러 가며 따라 말하는 아이를 두고 혼자서 해변을 걸었다. 천천히, 천천히…. 걸으며 요동치는 심장을 다독였다. 이토록 연약한 엄마의 모습을 아이에게는 감추고 싶었다.

'이겨낼 거야. 이겨내야 해. 과정이야. 시간이 필요한 거야.'

등지고 있던 텐트를 향해 돌아서서 걷는데 멀리서 아이가 마중을 나왔다. 눈은 빨갛고 살짝 웃으며, 편안한 얼굴을 하고는 나를 맞아 주었다. 그리고 우리는 꼭 껴안았다.

"이제 괜찮아졌구나. 수고했어. 수고했어."

손을 꼭 잡고 길잡이를 하듯 나를 이끄는 아이와 모래를 밟으며 그

여린 가슴에 닿도록 외쳤다.

'넌 멋있는 어른이 될 거야. 꼭 될 거야.'

전날 저녁에 햄스터가 아기를 낳았다고 남편에게서 동영상이 왔었다. 그래서 오늘 아침이 더 힘들었을 것이다. 그 동영상을 보고 또 보며 집으로 향하는 길에

"엄마, 다음다음 주에 양양 또 오자. 보드 또 타자."

"그래. 좋아. 희랑아, 우리 그때는 넷이서 오는 거 어때? 아빠랑 누나도 같이 오자."

"안 돼요. 안돼! 엄마랑 나랑 둘이요!"

"희랑아, 누나도 보드 좋아해. 타고 싶대. 아빠도 캠핑 좋아해. 같이 오고 싶대."

".....

그럼, 격주로 하자. 한 번은 넷이 오고 한 번은 둘이 오고!"

뜨아. 역지사지가 되는 거야!!!!!

마음이 단단해진 것은 알았지만 슬쩍 던진 나의 제안을 이렇게 받아 주리라고는 예상을 못했다. 어림없지…로 물었던 질문이라 더 뜻밖이었다.

보드를 타는 딸의 모습을 상상하고 자기도 혼자 캠핑을 가 봐야겠

다는 남편의 말이 내내 걸리고 먹을 때마다 집에 두고 온 가족 생각에 한쪽 가슴이 씁쓸했는데! 우리 넷이 오는 거야? 가족여행! 가능해진 거야?

두 명은 텐트에서 자고 두 명은 차에서 자면 되겠어. 뒷자리를 펴면⋯ 짐은 좀 더 촘촘히 실으면 가능하겠어. 다 괜찮은데 고기 구울 팬 하나는 제대로 된 걸 사야겠어. 주책없이 눈물이 흐르고 흘렀다.

바로 전화하고 싶은 것을 옆자리에 있는 아이가 걸려 휴게소까지 참느라 혼났다. 아이가 혼자 책을 보는 사이 남편에게 이 감동을 전했다. 그리고 자정을 알리는 12시 종이 울렸다. 땡~

"난 일해야지⋯"

집에 도착해 딸아이에게 물었을 때도

"서핑요? 왜요? 왜 굳이 힘을 거스르고 물 위에서⋯ 땡볕에서⋯ 아⋯ 아참! 엄마, 저 시험 기간이에요!"

역시! 내가 집중해야 할 것을 때때로 제대로 일깨워 주는 둘이다. 뜨겁게 사랑한다!

'희랑아, 너 없었으면 외로워서 나 어쩔 뻔했니.'

양양 죽도 야영장 ★★★★★

◦ 지난번과 같은 C-120

◦ 샤워실 이용료 2천 원
 (지난번은 샤워장 문이 열려있어 본의 아니게 무료인 듯 이용함)

◦ 서핑 장비 대여, Fin's surf
 (보드 3만 5천 원, 옷 1만 5천 원 / 다양한 강습이 있고, 매우 친절하심)

◦ 돈우마을 (15분 거리, 기본 상에 채소가 많아 너무 좋았음)

준 성수기 2박, 11만 원 (기본 4만 5천 원+전기료 1만 원×2일)

저020210630 다른 일을 하는 같은 시간

14
양양
장애를 이기는 힘

2021.6.21-25 · 월-금

부쩍 몸집이 커진 아이를 보며 새삼스럽게도 육아의 제2막을 시작하는 기분이다. 나이로 경계를 구분 지을 수는 없지만 시기는 분명히 존재한다.

초등학생, 중학생… 성인….

13살을 보내고 있는 아이는 사춘기의 문턱을 넘고 있는 것 같다. 끌어당기지 않아도 반드시 맞닥뜨릴 이 시간을 위해 많은 노력을 했다.

이 시기에도 육아는 해야 하고 나는 괴로운 육아는 정말 질색이니까 말이다.

아이의 사춘기가 나에게 주는 의미는 <점검>이다. 내가 십여 년간 어떤 육아를 했는지, 아이와 어떤 관계를 만들었는지, 얼마만큼 내 아이를 이해하고 있는지 여실히 드러난다.

요즘 아이는 목소리에 한층 힘을 주고 매사에 누나와의 평등을 주장한다.

"청소년은 매일 핸드폰을 할 수 없지? 어른만 하는 거지?"

"맞아. 어른이 되면 마음대로 할 수 있어."

"누나는?"

"(뜨아) …… 희랑아, 누나처럼 핸드폰을 해도 짜증이 안 나고 몸이 안 떨리면 매일 하게 해 줄게. 그럴 수 있겠어? 생각해 보고 얘기해 줘."

"알았어요."

덜컥 하겠다고 할까 봐 걱정했는데, 아이는 기특하게도 상황을 이해하고 내가 정한 불평등한 규칙에 따라 주었다.

무엇보다 눈에 띄는 변화는 감정이 바닥을 쳤을 때 보이는 행동이다. 윗도리 목선을 이마까지 올려 얼굴을 숨기고 의자에 앉아 크게 운다. 울면서 상황과는 상관없지만, 그동안 쌓아두었던 말들을 토해 낸다.

(친구와 식당도 서점도 가고 싶고, 다니던 학교 음악 선생님을 만나고 싶고, 밤새도록 게임을 하고 싶단다. 옆에서 듣고 있으면 아이에게 어떤 욕구가 절실한지 파악이 되지만 내가 채워줄 수 없는 것들이다.)

그렇게 1~2분 후 툭툭 털고 얘기한다.

"엄마, 다 울었어요!"

그리고 나의 요구에 따라준다.

짜증을 내거나 우기거나 본인이 우위에 있는 것(힘)으로 나에게 맞서지 않는다. 내가 공들였던 힘으로 제압하지 않는 육아, 인격적으로 존중하는 육아에 대한 아이가 주는 대답이다. 이런 안정적인 관계가 확고하다면 나는 사춘기가 아니라 성인이 된 아이도 두렵지 않다. 자기 조절이 가능한 성인은 두려움의 대상이 아니다. 장애인일지라도!

말 반복을 줄이는 연습을 시작하고 3개월이 채 되기도 전에 효과가 나타났다. 더 후한 점수를 주고 싶지만, 최대한 객관성을 발휘해, 50% 정도는 줄었다. 아직 남은 50%는 여유 있게 받아 넘겨줄 여력이 된다. 그 정도는 나에게 껌이다. 달달한 풍선껌!

살 것 같다! 정말 살 것 같다!

이 관계를 만들기 위해 아이와 많은 시간을 보냈다. 4살에 아이의 장애를 알게 되면서 치료를 시작했지만, 나와 아이의 시간에 방해되지 않도록 수업량을 조절했다. 언어, 감각통합, 놀이, 인지, 특수체육, 그룹체육, 음악… 등을 했고, 동시에 2과목! 하루에 하나씩 수업을 잡았다.

예를 들어 언어와 감각통합을 한다고 하면 보통 주 2회로 모두 4번 기관의 수업을 받아야 하는데 평일 중 하루에 한 가지 수업을 듣고 하루는 온전히 우리의 시간을 보냈다. 그러다 하고 싶은 다른 수업이 생기면 둘 중 하나를 정리하고 새 수업을 시작했다. 연달아 수업을 잡거나 2가지 이상을 시도했을 때도 있었는데 아이도 나도 소화를 하지 못했다. 시간이나 체력적으로 우리의 일상을 온전히 유지할 수 없었기 때문이다.

놀이터에 가는 것, 아이와 함께 장을 보는 것, 저녁 공부를 하는 것, 미술이나 요리 활동, 산책…. 일상 중에 어느 것 하나라도 치료보다 중요하지 않은 것이 없었다.

치료는 나와 아이에게 팁을 줬다. 함께 있을 때 알아야 할 것들에 대한 요령이었다. 일상에서 서로에게 어떤 언어와 태도를 보여야 하는지 배웠고, 생소한 장애에 대해 알아가던 시간이었다.

생활 전반에 배운 것들이 적용되면서 차차 치료의 도움을 줄일 수 있었고 현재는 자력으로 홈스쿨을 하고 있다.

아이와 내가 오랜 시간을 함께 보내도 편안할 수 있는 것은 단연 치료의 도움이 크다. 그러나 그것이 직접적인 이유는 아니다. 함께 곱씹어가며 연습했던 치료 이외의 시간이 없었다면 이 관계는 불가능했을 것이다.

나에게 장애를 이긴다는 의미는 이 병을 씻은 듯이 걷어 내고 비장애인이 되는 것이 아니다. 장애에 지배당하지 않는 것이다. 아이가 자신의 힘으로 본인의 장애를 다스리며 살아갈 수 있다면 그보다 통쾌한 승리가 또 있을까!

장애에 대적할 만한 힘을 기르는 방법은 교육뿐이다. 그리고 어떤 교육을 쫓느냐에 따라 한 울타리 안에서도 천양지차의 결과를 가져온다. 내가 지향하는 교육의 알맹이는 이것이다.

교육 – 가정 – 관계

모든 아이에게 꾸준한 교육이 필요하고 안타깝게도 기관(학교, 학원, 치료시설 등)의 도움만으로 교육을 완성하는 것은 불가능하다. 어느 시점 이후로 부모가 장애 아이의 치료를 중단하는 이유도 더는 교육 효과를 기대할 수 없기 때문이라 생각한다. 기관의 치료가 중단되더라도 교육이 중단되는 일은 없어야 하는데 그러기 위해 가정이 제 역할을 해야 하고 부모와 아이가 교육이 오고 가는 관계를 함께 만들어야 한다. 이 고리를 만들지 못한다면 언제고 불행은 틈을 파고들 것이다.

나이가 찰수록 아이는 전보다 더 오랜 시간을 가정에서 머물 수밖에 없다. 직업을 갖게 되더라도 상황은 크게 달라져 보이지 않는다. 이쯤 되면 보호본능을 솟구치게 하던 귀염성보다 농익은 아저씨 냄새가 폴폴 풍길 것이다. 하루하루 근력을 잃어가는 내가 믿을 구석이라고는 관계뿐이다. 아이와의 건강한 관계!

제법 사춘기 형아의 태가 나는 아이와 양양에 도착했다.

하늘도 바다도 공기도 회색이었다. 비 까짓거야 맞으며 물놀이 하기로 약속했는데…. 파도가 집어삼킬 듯 높았다. 보고 있기만 해도 심장이 쪼그라들었다. 그런데도 약속했으니 지키라는 아이의 재촉을 나는 꺾지 못했고 발목을 담그던 아이가 파도와 닿을 땐 가슴팍을 내어주는 무모한 물놀이를 지켜볼 수밖에 없었다.

정말이지 이럴 땐 힘 있는 누군가가 "안돼. 위험해. 멈춰!"라고 나를 말려줬으면 좋겠다. 처음 신호등 앞에서 아이 손을 놓았을 때도, 현관문 너머로 혼자 아이를 내보냈을 때도, 버스에 올라타는 아이를 길 건너에서 숨어 봤을 때도 같은 마음이었다. 세상에서 아이의 안전을 가장 바라는 내가 수시로 위험의 가장자리에 아이를 내려놓는다. 심장이 남아날 리가 없다.

그러나 위험을 모르고 어떻게 안전을 배울 수 있을까?

둘째 날까지 바다 상황이 같아 제대로 물놀이를 할 수 없었지만, 다행이 이번 여행에서는 미리 약속한 일이 있었다. 아이가 독립하면 살고 싶은 곳이 몇 곳 있는데 그중 하나가 강릉이다. 그런데 강릉에서는 큰 서점을 본 적이 없단다. 그럼 자기는 어디서 책을 사야 하냐며 한동안 반복되는 얘기를 하기에 이번엔 직접 다녀 보기로 한 것이다.

강릉에는 교보나 영풍 같은 대형 서점이 없다. 그보다 작은 규모의 다양한 서점들이 많았다. 아이가 찾는 책이 없어 몇 곳을 들르고 결국 홈플러스에서 대체 가능한 공룡 책 두 권을 선택했다. 그리고 아이는 말했다.

"브리태니커는 택배 아저씨가 갖다주실 거야!"

텐트에 앉아 열심히 책을 들여다보는 아이를 가만히 보고 있자니 아쉬웠다. 반나절은 파도와 춤을 추고 반나절은 모래에서 뒹굴었어야 했는데….

"희랑아, 우리 내일 말고 금요일에 집에 가자!"

"아, 안 돼요. 내일이에요. 내일이 수요일이에요."

"목요일에는 해가 쨍하데! 보드도 타고 물놀이도 실컷 하고 가자."

"안 돼요. 안 돼요."

머리를 굴리고 굴려 다시!

"그럼 엄마가 책 또 사 줄게. 오늘 샀지만 한 번 더 사 줄게! 두 권!"

(책은 매주 한 번씩만 살 수 있다.)

"생생 화보 공룡! 최강 호기심 공룡 대 백과!"

(오늘 산 책을 다시 산단다. 샀던 책은 다시 사 줄 수 없다는 규칙을 깨고!)

"좋아!"

"그럼 이건 오리고!"

(오늘 산 책을 들고 말한다. 책 오리기는 그만하기로 했던 약속도 깨고!)

"좋아!"

그렇게 이틀을 더 얻어냈다.

'그깟 책 두 권, 오리기에 무너질 강박이었어? 흥! 별거 아니구만!'

아이의 흥정에 웃음이 나왔다.

아이는 새벽 2시 30분이 돼서야 오리기를 마치고 할 일을 마무리한 자의 가벼운 잠을 청했다. 아침에 눈을 떠서는 오려 두었던 공룡 더미를 손바닥으로 지그시 눌러보고, 묶여있던 책에서 탈출한 공룡을 한 장 한 장 매만지며 아침 인사를 건넸다.

커피를 마시며 아이를 바라보다 머리로는 분명 '내가 왜 이러지? 가능하겠어?'하면서도 캐리어에서 가방을 꺼내고 가방에서 노트북을 꺼내고 충전기를 꽂아 연결하고 있었다. '상황이 안되면 다시 접지 뭐.'했던 기우는 괜한 것이었다. 세 시간이 넘도록 나는 글을 쓰고, 아이는 가상의 공룡 세상을 만들며 각자의 일에 집중했다.

공부는 집에서만 하는 것, 작업실은 그림 그리는 곳! 이라는 아이가 만들어 놓은 강한 규칙으로부터 자유로워지는 데에도 오랜 시간이 걸렸다. 지금은 작업실에서도 집에서처럼 공부하고 책을 읽고 딱히 정해진 일이 없어도 엄마를 기다리며 머무르는 것에 문제가 없다.

넉넉히 힘을 키운 아이가 이 작은 공간에도 마음을 내어주기로 했나 보다. 시선을 아이에게 고정하지 않아도 오고 가는 소리가 없어도 아이가 편안히 자기의 일에 몰두한다. 그 사실이 여행을 마치는 날까지 나를 구름 위로 동동 띄워 주었다.

죽도 해변에는 서핑을 즐기는 젊은 사람이 많다. 하루 종일 바다에 손님이 끊이질 않다가 저녁이 되면 샤워를 마치고 젖은 머리로 다시 모인다. 서핑 가게들이 줄지어 있는 작은 도로 위에서 스케이트보드를 타는데, 아이와 나란히 저녁거리를 사러 가는 길에 만나는 그 풍경이 너무 좋았다. 시선 곳곳에서 에너지가 넘친다.

우리가 이용하는 서핑숍이 그 가게 중 한 곳이다. 늘 먼저 샤워를 마친 아이가 밖에서 나를 찾는 소리가 들리고 곧이어

"희랑아, 엄마 금방 나오실 거야. 보드 재미있었어?"하는 상냥한 목소리가 들린다.

주문한 음료가 다 됐을 때

"맛있는 레몬 아이스티! 나왔습니다~"하고 아이를 바라보며 가져가도 된다는 눈빛을 보내고 우리가 나올 때 두 팔을 번쩍 들어 환한 웃음으로 배웅해 줬다. 이런 밝고 건강한 기운이 나를 너무 행복하게 했다.

"희랑아, 누나들이 너무 친절하지? 누나들 보면 너는 기분이 어때?"

"좋아!"

"그치? 엄마도 그래. 그러니까 우리도 친절하게 하자! 기분 좋아지게!"

"알았어!"

세상 모든 사람이 초콜릿 빛으로 그을린 이 건강한 젊은이들처럼 내 아이에게 쿨! 했으면 참 좋겠다.

역시 긴장의 탓일까? 마트에서도 내내 괜찮다가 계산하려고 할 때, 차에서 내내 편안하게 있다가 휴게소에 들어설 때, 아이의 틱이 급격히 심해진다. 아이가 원해서 들르는 휴게소인데도 말이다.

돌아오는 길에 들른 휴게소에서는 도저히 음식이 목구멍으로 넘어가지 않을 정도였다. 아이는 단 한 순간도 쉴 틈 없이 머리를 흔들었고 눈빛도 흐렸다. 입맛이 돌 리가 없었다. 아이가 돈가스 몇 조각을 먹고 숟가락을 내려놓기에 그 참에 우리는 휴게소를 나왔다.

차로 돌아와 아이와 이야기했다.

"희랑아, 이렇게는 안 되겠어. 머리가 너무 흔들려서 2주 동안 핸드폰을 쉬자."

"음악은 들을 수 있어?"

"아니야. 그것도 2주만 쉬자."

"알았어요."

그리고 조금 전까지 보던 핸드폰을 나에게 건네주었다.

여행이 없는 날엔 아이와 저녁마다 만보 걷기를 한다. 생활 하면서
는 아이의 말을 줄이려고 함께 노력하고 걷는 두 시간 정도는 마음껏
들어준다.

"엄마, 내일은 송도 가는 날이네!"

"희랑아, 혼자 하는 외출도 2주만 쉬자. 머리 흔들려서 사람도 못
보고 차도 못 보면 너무 위험해. 머리 흔들리지 않을 때, 그때는 얼마
든지 가도 돼."

그렇게 한참을 걷다가 아이가 불쑥 말했다.

"엄마, 이것 봐! 안 흔들리지? 이것 봐!"

걸으며 아이는 머리가 흔들리지 않도록 연습했나 보다. 한참을 보
는데 정말 아이는 머리를 흔들지 않았다.

"나 송도 갈 수 있어."

"그럼! 갈 수 있지! 이렇게 훌륭한 니가 어디든 못 가겠어!"

화요일 아침,

핸드폰을 안 하는 대신 얻어낸 오려도 되는 몇 권의 책으로 시간을
보내고, 스스로 해야 하는 공부를 마치고, 샤워를 하고, 아이는 세상
으로 나갔다.

아이만큼 용기는 없어도 그 용기를 꺾지는 않아야겠기에 오늘도 홀로 걷는 아이의 발걸음을 응원한다. 비틀거리고 때로는 넘어져 피가 나도 다시 일어나 걷는 아이다!

그렇게 건강한 아이다!

양양 죽도 야영장 ★★★★★

◦ 지난번과 같은 C-120

저글링 배운 날
ㅈ020210729

15
제천
장마·코로나·폭염이 만든 100°c 육아

2021.7.20-22 · 화-목

예약해 놓은 날짜가 다가오는데 장마 시작이다. 수수료를 물더라도 캠핑장을 취소해야만 했다. 비로 불어난 계곡을 두고 아이와 기싸움을 해야 하는 상황을 피하고 싶었다.

그리고 며칠 뒤 코로나가 4단계로 격상되었다. 연일 천 명이 넘는 확진자를 뉴스로 보면서 여행에 대한 갈등이 생기지 않을 수 없었다.

이례적인 폭염 때문인지 미디어를 중단한 아이에게 손이 더 가서

인지 머리에 돌덩이를 얹은 듯 무거운 하루하루를 보내다 여행 없는 육아에 마침표를 찍었다.

'도저히 더는 못 버티겠다! 가자! 여행!'

지난 여행을 마지막으로 아이는 한 달 가까이 미디어를 하지 않았다. 기특하게도 보채거나 반항하는 일도 없었다. 달력을 확인하며 약속한 8월 1일을 손꼽아 기다릴 뿐이었다.

덕분에 아이의 틱은 꽤 좋아졌다. 미디어 이용 후에 각성이 올라가 짜증을 내던 일도 자연스럽게 없었다. 이렇게 반응이 확실한 아이에게 미디어는 참 딜레마다. 평생 단절하고 살 수도 없는데 말이다.

아이가 노력하는 만큼 나도 수고를 해야 했다. 서점과 마트를 더 자주 가고 책을 더 많이 사고 오려도 되는 책들이 늘어났다. 미술 재료를 사는 일도 그림을 그리는 날도 늘었다.

해가 지면 2시간씩 걸었다. 아이는 초반에 다리가 아프다며 쪼그려 주저앉기도 했는데 곧잘 적응해 나중에는 따라가기가 버거울 만큼 속도를 냈다.

"희랑아, 엄마도 같이 가자. 그렇게 빨리 걸으면 엄마 힘들어. 못 따라가."

몇 년 전만 해도 불안함에 엄마 손을 꼭 붙들고 걷던 아이였다. 그 마음을 알면서도 손을 빼며 "희랑아, 앞을 보고 똑바로 걷자." 할 수밖에 없던 엄마였는데 이제는 내가 아쉽다. 지금의 나는 이 아이에게 체력을 기대야 할 듯하다.

하루는 돌아오는 길에 아이는 블루 레몬에이드, 나는 아이스 자몽 티를 사고 빨대로 저으며 가라앉은 자몽청을 풀어 섞는데 빨대에 붙어있는 머리카락 하나가 보였다.

"희랑아, 여기 봐. 머리카락 보여? 머리카락 좀 들어줘."

가만히 빨대를 들여다보던 아이가 "네."하더니 자기 머리카락을 살포시 집어 하늘로 들어올렸다.

뺑! 터져버린 엄마의 웃음에 무안해하던 아이의 모습이 사진처럼 뇌리에 남았다. 숨이 턱턱 막히고 온몸이 끈적여도 얼마나 행복한 여름밤이었나 모른다.

날마다 육아가 아름다운 것은 아니었다.

작업실에서 그림을 그리는 어느 날, 아이의 태도가 영 못마땅했다. 아이는 채색 도구로 마카를 선호하는데 늘 새것처럼 선명하게 나오길 원한다. 조금의 갈필도 적당히 넘기려 하지 않는다. 아이의 강박적 성향이라 생각해 인정해 주고는 있지만, 언제까지 두고 볼 수 있을지 고민이다.

새로 주문한 마카가 올 때까지 아크릴 물감으로 그림을 그리게 되었다. 차선으로 선택한 재료여서 그랬는지 아이는 참 형식적이었다. 얼른얼른 그리고 치우자는 식이었다.

'입이 떡 벌어질 만큼의 완성작을 기대하나? 이 아이에게 나와 남

편이 들이는 수고로움에 대한 보상을 바라는 건가?'

끓어오르는 화를 잠시 누르고 되돌아보았다.

맞다. 나는 그런 보상을 바랐다.

'엄마가 재료를 사다 주시느라 얼마나 수고하시는데, 아빠가 재료 살 돈을 버시느라 얼마나 수고하시는데…. 그러니 감사해야지. 그러니 아껴야지.' 해 주길 바랐던 것이다.

참 끝없이 바라는 내가 기도 차고 쓴웃음도 나왔지만 짚고 넘어가지 않을 수가 없었다. 안 하면 안 했지, 아이의 심심풀이를 위해 정성을 쏟아붓는 일은 정말이지 하고 싶지 않다. 너의 이런 행동에 나는 기분이 나쁘다! 화가 난다!를 충분히 전달하고 싶었다. 평소와 같은 경고로는 순간을 모면하려 할 뿐 기별도 닿지 않는 아이를 향해 작정하고 소리를 질렀다.

"이희랑!!! 그림 그리지 마! 모두 정리해! 이렇게 할 거면 작업실에도 오지 마!"

그렇게 애쓰는 나를 무서워하기는커녕 가뿐히 받아넘기는 아이에 반해 나는 며칠간 목젖이 부어 아팠다.

딸에게 물었다.

"이화야, 엄마가 무서워?"

("엄마 안 무섭지?"를 나름 돌려 물었다.)

풉! 마시던 주스를 뱉어 내며 딸이 웃었다.

"엄마는 귀여워. 근데 쉬운 사람은 아니야."

작은 키가 콤플렉스인 나는 귀엽다는 표현을 좋아하지 않지만, 쉬운 사람이 아니라는 대답은 너무나 마음에 들었다.

"그치? 엄마 쉽지는 않지?"

딸의 대답을 빌려 희랑이에게 비췄을 엄마도 가늠할 수 있었다.

'작고 쉽지 않은 사람. 너에게도 나는 그런 사람이겠구나.'

이번 여행지는 계곡이 가까운 캠핑장이었다. 겨울에 왔을 때 맘껏 뛰어들지 못했던 아쉬움을 뒤로하며 여름에 꼭 다시 오자고 했던 그 시간이 어김없이 온 것이다.

그런데 '그 길이 맞아?'를 몇 번씩 의심할 정도로 다른 모습이었다. 하늘과 도로를 뺀 유일한 색인 초록이 오랫동안 일점 투시를 만들었고(흑백 필름에 초록색만 살려 놓은 영상 같았다.) 앙상했지만 따뜻했던 나무들이 무르익은 초록색으로 염색된 양털을 뒤집어쓰고는 이전과 다른 따뜻함을 말해주고 있었다. 풍성하고 보송보송한 따뜻함.

'아, 난 평생 이렇게 돌아다니며 살아야 하나 봐. 머리도 안 아픈 거봐. 저 초록색은 어쩌면 좋아.'

이 자연 안에서는 관자놀이를 지겹게 쑤셔대던 통증이란 녀석도 차마 수를 쓰지 못하고 무력했다. 나라는 인간이 얼마나 감성의 지배를 받는 사람인지 톡톡히 절감하며 여행지로 향하는 이 길이 어떤 이름난 의사의 상담실보다도 믿음직스러웠다.

주기적으로 자연이 드러내 보이는 이 말도 안 되는 색에 취해야 하고, 장거리 운전이 주는 뇌 정화 시간을 누려야 하고, 집을 떠나 새로운 환경이 주는 신선함에 설레야 한다. 그래야 내가 살아 있는 것 같다.

아이에게 발달장애가 있다고 하면 단정 짓는 몇 가지 선입견들이 있다. 본 적도 없는 누나의 심리 상담을 권하며 장애인의 형제, 자매는 필연적으로 불안과 우울하다는 듯 판단했던 치료사가 몹시 불편했고, 큰아이 친구와 양쪽 동생들이 섞여 놀았던 자리에서 친구 엄마에게 아이의 장애를 설명했을 때 "아, 그래서 누나를 일 년 일찍 학교에 보낸 거구나." "아, 그래서 엄마가 큰딸한테 그렇게 적극적이고 열심이었구나."했던 반응에 눈알이 튀어나올 뻔했다.

내가 몸이 안 좋은 날도 기분이 가라앉는 날도 아이의 장애는 쉽사리 원인이 되어 왔다. 심지어 평소에 잘 웃고 명랑한 나의 성격은 <긍정>이 아닌 발악 혹은 초연한 사람으로 비치기도 했다.

"초월한 거야? 뭘 그렇게 밝아. 복지관에서."

그럼 어째야 하나? 매일같이 세상의 불행을 혼자 뒤집어쓴 얼굴로 대기실을 지켜야 내 주제에 맞는 것인가?

도대체 어떤 연결 고리가 모든 원인을 아이의 장애로 돌리는 것인지 나로서는 이해가 어렵다.

우리의 여행도 그 선입견 중 하나다. 가장 심리적인 안정을 주는 공간, 집을 이틀이나 떠난다. 이 단 하나의 이유만으로도 아이에게는 매

순간이 도전이다. 낯선 여행지, 정해져 있지 않은 일정들이 누군가에게는 얼마나 거대한 불안 요소인지 사람들은 모른다. 얼음을 깨거나 물놀이하는 잠깐의 재미를 볼 뿐 실상 아이는 여행을 유난스럽게 좋아하는 엄마를 위해 희생하고 있다.

"희랑이는 좋겠다. 엄마가 여행도 자주 데려가고. 자연도 많이 보여 주고. 얼마나 행복할까!"

탐탁잖은 여러 가지를 양보하면서 공은 엄마에게 돌아가는 상황이 아이는 좀 억울할 수도 있는 대목이다. 그러니 돌아가더라도 아이가 원하는 홈플러스 원주점을 들르는 것은 전혀 어려운 일이 아니다.

○○마트 ○○점에 가서 ○○책을 사야 한다고 말하는 것을 보면 아이는 다녀 본 지점마다 비치된 책의 종류를 외우는 것 같다. 이날은 찾는 출판사의 책이 없어 계획에 없던 공룡 책 두 권을 골랐다. 그러고는 살짝 눈치를 살피며 나를 떠본다.

"스티커 책은? 음, 그건 안 되지! 동생들 책이잖아!"

최근 아이는 공룡 책을 모으다 모으다 어릴 때 보았던 책들에 눈을 돌리기 시작했다. 공룡 스티커 북, 공룡 카드, 공룡 벽 그림 등 물릴 정도로 사들였던 것들이었다.

아이의 성장에 맞추어 모든 것이 적당한 눈높이이길 바라지만 역시나 나의 욕심이다. 아이의 욕구를 채워 줄 대안(더욱더 다채로운 공룡에 관한 책이나 놀잇감)이 없고 한편으로는 '그래, 이왕이면 빨리 지나가자. 아직 13살이잖아.'하는 마음으로 <랄랄라 스티커 북 공룡>을 구매했다.

스티커 북을 끌어안고 폴짝거리며 기뻐하는 아이를 한쪽에서 핸드폰 게임을 하며 지켜보던 두 남자아이가 기가 막힌 듯 바라보았다.

'너희도 웃기지? 나도 그래. 뭘 이렇게나 좋아하니.'

캠핑장에서 아이는 물티슈로 테이블을 닦고 물기가 말랐는지를 확인한 후 세 권의 책을 가지런히 내려놓았다. 식사할 때는 적당한 자리를 찾아 깨끗이 닦고 기울어짐 하나 없이 책을 옮겨 놓았다. 늘 가장 안전하고 깨끗한 자리를 골라가며 책을 신경 쓰는 아이의 정성을 보면서 나는 그 책이 마치 공룡학 전문 서적이라도 되는 것처럼 대우해주기로 마음먹었다. 아끼는 마음은 아주 고귀한 감정이니까!

땀으로 범벅이 될 여행을 상상했지만, 자연은 나에게 그리 가혹하지 않았다. 오래된 마을 상징수가 만들어 줬던 그늘은 텐트와 차를 담고도 여유가 있었고, 끊임없이 텐트 안팎을 드나들던 바람 덕분에 새벽에는 긴 옷을 덧입고 자야 할 정도였다. 늦은 오후 두어 시간 정도 들던 강렬한 해가 아니었다면 된더위를 잊을 법한 완벽한 세상이었다. 그 세상에 앉아 피부에 닿는 가벼운 바람을 느끼다 불현듯 집 선풍기에 있는 자연풍 단추가 떠올라 실소가 나왔다.

'인간이란!'

둘째 날 아침, 7시에 일어나 각자 할 일을 하다가 문득 이렇게 물놀이를 시작하면 밤까지 굶겠구나 싶어 싫다는 아이를 앞세워 식당으로 향했다. 대파가 듬뿍 들어간 떡갈비를 간신히 먹이고 돌아온 시간이 11시였다. 그때부터 어둑어둑해질 때까지, 억지로 중간에 끌어내고기를 구워 먹인 시간을 빼더라도 족히 8시간은 물속에 있었다.

처음 몇 시간은 사람이 없어서 계곡 구석구석이 아이 차지였다. 흐르는 물줄기를 등으로 받으며 돌아앉아 아리랑을 힘차게 부를 때는 영락없는 아저씨의 뒤태였고, 연속 잠수 후 수면 위로 올라와 제일 먼저 머리카락을 쓸어 모으며 스타일을 잡을 때는 지극히 평범한 사춘기 소년이었다.

다행히도 계곡에는 사람이 많지 않았다. 우리를 제외하고 세 팀 정도가 물놀이를 했다. 아이는 어린 동생들을 스쳐 지나가며 "나 잡아봐라~"를 외치기도 했고, 아빠 손을 잡고 체리 튜브를 타는 아기에게 자성에 끌리듯 향하기도 했다. 아이의 행동을 미리 읽고 냅다 뛰어가 멈춰 세운 정도의 귀여운 해프닝을 제외하고 계곡은 마지막까지 평화로웠다.

"엄마, 엄마. 텐트로 가세요~"

계곡은 자기 영역이라는 뜻인지 엄마가 다른 사람과 말이라도 주고받을까 불안해서인지 자리를 정해 주는 아이 덕분에 나는 텐트에서 편안하게 아이를 내려다보면 되었다. 간간이 아이가 자리를 옮길 때마다 함께 의자를 옮겨가며 울타리 사이로 아이와 눈을 맞췄다.

"희랑아, 엄마 화장실 다녀올게."

"네~"

하고도 영락없이 볼일을 보고 나오면 아이는 여자 화장실 앞을 지키고 있었다. 어찌나 든든한지!

어둠에 섞여 아이의 실루엣이 흐릿해졌을 때가 돼서야 물놀이를 마무리할 수 있었다.

"희랑아, 이제 어두워서 위험해. 그만 나오자."

"아, 엄마. 더 해야 하는데! 더 놀고 싶은데!"

"아니야. 위험해. 더 놀고 싶으면 내일 아침에 더 놀아."

정작 다음 날 아이는 머리를 절레절레 흔들었다.

휴게소를 들르는 재미에 눈을 뜬 아이가 특히나 좋아하는 간식은 통감자구이다. 돌아오는 길에 처음으로 들렀던 여주휴게소에서는 살 수가 없었는데 아이는 아주 당연하게 "다음 휴게소!" 한다. 제주도 여행 때 했었던 행동이 학습된 것이다.

"이번엔 패스!" "다음 휴게소로 가자~" "20Km 지나면 또 나 온대."

내비게이션을 보면서 휴게소를 확인하는 일! 아이의 일거리가 하나 더 늘었다. 그렇게 아이가 읽어 주는 휴게소 이름을 하나하나 지나 홈플러스 영통점에 들렀다.

여행이 없는 주에도 아이와 마트를 자주 가는데 이제 아이는 서울을 제안한다. 안 가본 곳으로 가자는 것이다.

버스를 처음 익혔을 때 가장 먼저 혼자 간 곳이 영종도 안에 있는 롯데마트였다. 그곳이 무료해진 후에는 인천 내에 있는 마트를 종류별로 돌았고 요즘은 서울을 돌고 있다. 이 아이를 양육하며 비논리적인 것이 어디 이뿐이겠나! 하지만 나는 기꺼이 영종도에서 서울로 장을 보러 다닌다. 아이가 제자리에 머물지 않고 변화와 발전을 보이는 것이 그 비논리와 견줄 수 없을 만큼 기쁘기 때문이다.

롯데마트 합정점에 갔을 때의 일이다. 차 안에서 내내 차분했던 아이가 주차장을 들어서는 순간 흥분하고 마음이 급해졌다.

"차분해지지 않으면 들어갈 수 없어. 마음 조절을 좀 해 봐."

"닌텐도 스위치 놓고 가!"

(독립할 때 지금 쓰는 게임 기계는 엄마 집에 두고 자기 집에서는 새것으로 쓰겠다는 의미다. 아이가 감정 조절이 어려울 때 반복하는 몇 가지 말 중의 하나다.)

몇 차례 나의 경고에도 불구하고 반항 기운까지 섞어 똑같은 말을 반복하는 아이를 보고 다시 시동을 걸었다. 그리고 매장 입구를 유유히 지나 곧바로 주차장을 빠져나왔다. 이렇게 불안정한 아이를 혼자 세상에 내보내는 무책임한 부모가 되는 것은 싫었다.

"어! 나와 버렸잖아! 이런. 나와 버렸네."

아이의 흥분은 점점 가라앉고 있었다. 당황스러울 만큼 의연했고 조곤조곤 이유를 말하며 왜 돌아가고 있는지도 잘 알고 있었다.

"되돌아가야 하는데…. 다시 가야 하는데….

마트 같은 소리 하고 있네. 무~슨 롯데마트야~"

언젠가 했던 나의 말을 정확하게 콕 짚어 말하는 아이의 1인 2역에 웃음이 터져 나왔다.

아직 차례가 되지 않아 다시 합정점을 가지 않았지만, 아이는 절대 같은 실수를 되풀이하지 않을 것이다. 기억력과 학습 효과가 뛰어난 아이니까 말이다.

여행을 마치고 영종도에 들어오면 제일 먼저 작업실에 들러 캠핑 짐을 내려놓고 닭장을 살핀다. 병아리 때 만나 이제는 제법 몸집이 커졌다. 수탉은 아직 덜 트인 목청으로 울음소리를 연구 중이고, 서열이 정해졌는지 가끔 동료의 깃털을 물어 뽑는 통에 꼬꼬댁~ 우는 소리가 나기도 한다. 가만히 앉아 보고 있으면 영락없이 넋을 쏙 빼가는 녀석들을 위해 매일 한 번씩 물청소와 사료, 풀 보충을 하는데 여행 중간 날은 하는 수 없이 건너뛰었다. 여행을 떠나는 날 물청소를 하고 실수로 수도꼭지를 틀어 놓은 것이 차라리 다행이다 싶었는데 이 더위를 견디지 못하고 한 마리가 죽어 있었다.

살아서 뛰던 심장도 멈추는 지독한 여름 더위다! 날씨도 코로나가 주는 불안과 긴장도! 나의 육아를 흔들어 대는 일이 없도록 순간순간 마음을 다지지만, 춤추는 감정선을 붙드는 일은 여간 어려운 일이 아니다.

'좀 더 받아 줄 것을 괜히 화냈나? 방금 이건 화가 아니라 욱! 이었나? 아기 대하듯 말고 13살 대하듯 하겠다고 마음먹은 것이 이렇게 하는 게 맞나?'

되묻고 또 되묻는 것이 요즘 나의 모습이다.

얼마간 좋다가, 얼마간 좀 힘들다가, 얼마간 새로운 무언가에 심취하다가 또 얼마간 무료하다가…. 앞으로 평생이 이것들의 반복이라는 것을 이제야 깨달았다. 그러니 크게 슬퍼할 일도 크게 고민할 일도 없는 것이다. 그저 기쁜 날, 슬픈 날, 아무렇지 않은 날을 그 감정에 젖어 충실하게 보내면 그만이다.

더운 날은 덥게! 펄펄 끓는 나의 육아를 위하여!

월악 한울 오토캠핑장 ★★★★★

◦ site 4 (계곡 내려가는 길 바로 옆자리, 나무 그늘이 가장 크고 자리가 굉장히 넓어 텐트+자동차가 나란히 들어감)

◦ 화장실, 샤워실 시설 깨끗함 (상)

◦ 하나로마트 6.5 km (캠핑장 주변에 편의 시설 없음)

◦ 계곡이 깊지 않아 아이들이 놀기에 위험하지 않음

성수기 2박, 10만 원 (튜브 대여 3천 원)

나의 공간
나의 세상
ㅈㅇ 20210828

16
영종
작은 공간이 열어 주는 무한한 세상 · 작업실

2021.8.10-12 · 화-목

아이의 초등학교 입학을 연기하고 홈스쿨 2년 차를 보내던 9살 어느 날이었다. 즉흥적으로 혹은 느닷없이 잠시 주춤하던 추진력에 불이 붙어 동네 부동산에 줄줄이 전화를 돌리기 시작했다.

"작업실로 쓸 단독주택을 찾아요. 방은 하나만 있어도 되고요, 거실이 넓으면 좋겠어요. 마당이 꼭 있어야 하고요. 적당한 집이 있으면 연락해 주세요."

조금 있으니 한 곳에서 연락이 왔고 요동치는 심장을 장착한 채 아이와 집을 나섰다.

영종도에 살면서 처음 가 본 동네였다.

"멀지도 않은 곳에 이런 동네가 있었네요!"

"조용해서 작업실로 쓰기에 딱 좋을 거예요. 저기 논골 식당 음식도 정말 맛있어요. 언제 한번 가 보세요."

구불구불한 비포장도로를 달리며 외지고 작은 이 동네가 이미 마음에 들었다.

(지금은 도로를 포장해 남편의 걱정거리가 하나 줄었다. 그렇게 차를 걱정하더니…)

조건으로 보자면 단독주택이었던 두 번째 집이 맞았겠지만, 이런 걸 인연이라고 하던가!

"처음 집으로 계약할게요."

그 무렵 남편은 중국 출장이 잦았다. 한 달에 반은 중국에서 머무르는 남편에게 이 소식을 알려야 했다.

"여보, 여보! 나 작업실 계약했어요! 방금 가계약하고 집에 왔는데 이제 잔금만 보내면 돼요!"

"어? 벌써 계약서도 썼어?"

"아니. 부동산에서 그러라고 하길래 보내려고요."

"여보, 계약은 그렇게 하는 거 아니야. 내가 가서 할 테니까 며칠만 참아. 알았지? 기다려!"

남편이 돌아온 날 작업실을 둘러보고는 "좀 더 찾아보고 하지…. 단독주택으로 하지…." 아쉬운 소리를 하면서도 일사천리로 계약을 마쳤고 2017년 9월 10일, 작업실을 얻었다.

나의 작업실은 적벽돌로 쌓아 올린 단층 다세대 주택 중 마당을 쓸 수 있는 끝집이다. 옆집에는 식당을 운영하는 부부가 산다고 하는데 새벽에 나가고 늦은 밤에 들어온다고 해서인지 마주치는 일이 손에 꼽힌다.

마당 가장자리를 두른 울타리 너머로 닭과 개를 여러 마리 키우던 이웃집이 있었는데(지금은 이사를 나가고 조용하다.) 아이가 산책하러 나가고 얼마가 지나면 어김없이 화가 찬 할머니의 목소리가 들려왔다.

"이놈 또 왔네! 오지 말라니까! 너 할머니 말 안 들을래? 걔들은 토마토 안 먹어! 안 먹는다고!"

아이가 또 그 집 마당에 있는 닭장에 토마토를 던져 준 것이다.

똑.똑.똑.

단지 입구에 사시는 할머니가 찾아오셨다.

"아유, 아들이 우리 집에 들어와. 들어오는 건 괜찮어. 근데 왜 신발을 신고 들어오냐고."

작업실에서 신발을 신고 생활하는 아이는 이 동네 방식이라 생각했었나 보다.

똑.똑.똑.

다음엔 대각선 끝동에 사시는 아저씨였다.

"애기 엄마! 아들이 나무에 올라가. 위험해! 못 하게 해!"

단지 중심에 멋들어진 소나무가 세 그루 있었는데 그중 한 그루는 꼭 올라가 앉으라는 것처럼 옆으로 누워 자랐다.

(몇 년 전 마을 입구의 주택 지붕을 통째로 날린 태풍이 있었던 날, 소나무 두 그루가 함께 화를 입었다. 지금은 누워 자라는 그 소나무만 남아 있다.)

하루가 멀다고 여기저기서 민원이 쏟아지던 그때도 이제는 추억이 되었다.

창 너머로 초등학교 전체가 훤히 내려다보이는 교문과 가장 가까운 아파트 동에 우리 집이 있었다. (큰아이가 중학생이 되면서 중학교와 가장 가까운 아파트로 이사를 했다. 그것이 장애가 있는 동생을 둔, 그래서 일찌감치 엄마 손을 양보해야 했던 누나를 위해 부모로서 해 줄 수 있는 작은 배려였다.) 큰아이가 집을 나서면 나와 아이는 학교 안으로 향하는 아이들을 지나 단출한 우리 학교로 등교를 했다. 아이가 먹는 것이 까다로워 아침을 두 번 차려야 했지만, 작업실 마당에서 모닝 고기를 굽는 일은 썩 나쁘지 않았다.

홈스쿨을 하던 아이에게 또래가 간절히 필요했고 아이들이 적극적으로 부대끼며 배울 수 있는 환경을 만들 수 있었다. 어려움도 많았지만, 보람이 더 컸던 그 시간을 지나 다음 꿈도 꿀 수 있게 된 것은 <장소>가 있었기 때문이었다.

이것저것으로 마음이 지쳤을 때 여기까진가 보다 했던 나에게 "희랑엄마, 기다려봐. 내가 사람을 모을게!"했던 한 엄마 덕분에, 마지막 회의 자리에서 "난 할 거야. 난 하고 싶어."했던 한 엄마 덕분에, 그리고 누구보다 묵묵히 긴 시간을 지지해 준 남편 덕분에 나는 오늘도 이 공간을 누리고 있다.

500/50짜리 월세다. 계약하고 공동육아 그룹이 만들어지기 전까지 1년이 넘도록 혼자 비용 부담을 했다. 치료나 사교육을 많이 하지 않으니 교육비로 생각하자고는 했지만, 기름보일러를 돌리는 겨울에는 유지 비용이 만만치 않았다. 아이가 동물(고슴도치, 사막 다람쥐, 햄스터, 닭을 키웠다.)도 마당도 시들해진 몇 개월은 거의 비워둔 적도 있었다. 싫다 하는 아이를 무작정 끌고 올 수도 없는 노릇이니 말이다.

그 막연한 시간을 버틴 덕분에 기회가 왔다. 6명 그룹이 만들어졌고 그때부터 회비를 모으고 총무도 생기며 나름대로 조직의 모습을 갖추기 시작했다.

신체활동에 능숙한 엄마가 있을 때는 체육수업을 했고 유아 교육을 전공한 엄마가 있을 때는 교구를 활용한 그룹수업을 했다. 엄마들이 한 번씩 돌아가며 수업을 진행해 보기도 했지만, 지속해서 수업을 맡아 이어가기에는 무리가 있었다. 때때마다 엄마들이 함께 아이디어를 모아가며 개별학습(자기 아이를 데리고 학습하는 시간)을 제외한 나머지 수업은 내가 진행했다.

수업 초기에는 아이들 사이사이로 엄마들이 앉아야 했다. 수업의 흐름을 이어가기 위해 엄마들의 직접적인 도움이 필요했기 때문이었다. 엄마들은 순서를 기다리는 것이 힘든 아이, 수업에 집중하지 못하고 자기 세계로 빠지는 아이의 손과 발이 되어 주었다. 또 분을 이기지 못하고 과잉 행동을 하는 아이에게 한마음이 되어 침착하게 대응했다. 화가 폭발한 그 아이뿐만 아니라 상황을 곁에서 지켜보고 있는 아이들까지도 불안함 속에서 스스로 안정감을 찾아갈 때 놀라운 성장을 보였다. 이(아이들이 스스로 안정을 찾아가는) 환경에는 엄마들의 부단한 노력이 녹아 있었다.

"니가 소리를 질러도 의자를 던져도 나는 화나지 않아. 의자 바르게 놓고 자리에 앉아. 기다릴게."

"(울고불고 짜증 내는 아이에게) 여기는 너 혼자 있는 곳이 아니야. 여럿이 함께 있는 곳이야. 화장실 가서 마음껏 울고 세수하고 와."

상황 파악과 상대의 마음을 읽는 것이 가능한 아이들이다. 그리고 그런 능력을 지닌 아이의 마음을 움직이게 하는 방법은 강압이나 꾸지람이 아닌 정확한 지시와 믿음을 담은 기다림이었다.

"작업실에서는 아이에게 화내지 않았으면 좋겠어. 작업실에만 오면 엄마가 변하고 뭔가 지적하고 뭘 자꾸 시키면, 아이는 여기 오는 것 자체가 싫을 거야. 싫은 공간에서는 누구 말도 듣지 않을 거고."

"내 방법은 시간이 필요해. 오래 걸려. 근데 분명히 아이가 반응해. 그러니까 당장 변화가 안 보여도 날 믿고 함께 해 줘."

"같이 해야 해. 집에서도 작업실에서처럼 아이와 집중해서 소통하고 정해진 시간에 함께 책상에 앉고. 그래야 효과가 있어."

나의 적잖은 요청과 잔소리에도 엄마들은 기꺼이 힘을 모아 주었다. 그렇게 수시로 인원이 바뀌고 수업이 거듭되며 4년이 지났다.

그 사이 아이들은 누군가의 도움 없이 그룹수업에 참여하고 본인들의 점심상을 스스로 차리며 엄마와 나란히 앉아 공부하는 수준급들이 되어 있었다.

각자의 사정으로 공동육아는 마무리되었지만, 지나고 보니 절묘한 타이밍이었다. 사춘기에 들어선 내 아이도 새로운 도약을 위한 또 한 번의 변화가 필요했음을 깨달았던 계기였다.

내 아이는 초등교육을 공교육과 공동육아로 더할 나위 없이 즐겼다. 이후의 교육과정은 여전히 난제이고 과정마다 더 많은 에너지가 필요할 테지만, 나와 아이 역시 현재보다 성장해 있을 테니 해 볼 만하지 않을까!

　여러 곳에서 이런 모임이 생겨나길 바란다. 학위만 없을 뿐 특수교육에 산 전문가들이 아닌가! 부모들이 지혜를 모아 견고한 울타리가 되어 준다면 아이들은 그 안에서 활개를 치며 성장할 것이다. 한 공간에서 그저 함께 머무는 것을 뛰어넘어 실질적인 소통이 일어나게 하는 것, 서툴지만 그 부분을 끊임없이 두드리고 꺼내는 연습을 하는 것이 장애 아이들을 통합으로 이끄는 교육이 아닐까. 이 섬세하고도 길고 긴 교육 과정을 누가 할 수 있을까? 부모뿐이다. 혼자는 가르칠 수 없는 것들이, 학교나 센터에서 습득하기 어려운 것들이 부모가 모였을 때 가능해진다.

　당연히 어려움도 따른다. 나의 경우 어른끼리의 이해관계가 참 어려웠다. 반복되는 비슷한 문제로 머리가 아프던 어느 날 나의 엄마에게 하소연한 적이 있다.

　"엄마, 엄마는 나 어릴 때 동네 아줌마들이랑 어떻게 그리 잘 지냈어? 아줌마들끼리 모임도 많았고 여러 집들이 다 같이 여행도 다니고 그랬잖아. 어떻게 그게 가능했어?"

　"요즘 엄마들은 많이 배우고 아는 게 많아서 그래. 우리 때는 한 동네에서 다 비슷비슷했지. 더 잘난 놈도 더 잘 사는 놈도 그런 게 어딨어."

부디 더 배우고 공부한 것이 독이 아니라 제 가치를 발휘하길 바란다. 헤어짐이라는 끝을 두려워하기보다 함께 하는 동안의 성장에 집중하고, 혼자는 할 수 없는 일들을 함께라는 이름으로 이루었을 때 몇 배가 되는 그 쾌감을 경험하길 바란다. 장애 아이의 부모로서 선택하게 되는 몇 가지 활동 중에 <공동육아>가 확대되길 진심으로 바란다.

이후로 이 공간은 두 아이와 내가 그림을 그리는 장소가 되었다.

"질을 높이자. 이제 두 아이에게 '규칙'이나 '질서' 같은 교육은 필요가 없어. 너무 잘하니까. 이제부터는 내실을 다지자. 한 명 한 명 역량을 키우는 데 집중할 거야.

여기(작업실)에 있는 동안은 내 말이 먹혀야 해. 그 관계가 돼야 내가 이 아이들과 일을 할 수 있어. 그러니까 나한테 맡겨. 민서 놓고 넌(아이 엄마가 나와 동갑이다.) 그냥 가. 대신 지금까지처럼 집에서 너의 역할을 꼭 해 줘."

2막을 시작하며 아이를 나에게 맡겨주었던 엄마에게 내가 했던 말이다.

그 일이 어떤 일이 될는지 아직 구체적으로 그려지는 것은 없다. (아이들도 나도 지금은 내공을 쌓을 시기이지 섣불리 정해 둘 필요 또한 못 느낀다.) 하지만 나는 내 아이와 즐기며 함께 할 수 있는 일을 찾을 것이고 우리 곁에 잘 교육 받은 또 다른 친구가 함께하길 바라왔다. 그 엄마는 이런 나의 꿈을 공동육아 시작부터 공감하고 힘을 보태 주었다. 나의 오버 페이스에 적절히 제동을 걸어 주고 '아, 둥글둥글한 인간관계는 저렇게 하는 거구나.'를 가르쳐 준 고마운 사람이다. 우리의 인연이 얼마만큼인지 알 도리는 없지만 역시 헤어짐을 상상하며 지레 겁먹거나 이런저런 경우의 수를 두들겨 가며 적당히 하는 일도 없을 것이다. 그것이 지난 시간을 돌이켰을 때 후회되거나 내가 나에게 부끄럽지 않은 이유다.

여행 어느 지점에선가 목적지가 작업실이 되길 기다려 왔다. 아이의 약 부작용 때 도망치듯 머물렀던 이틀을 빼면 작업실에서 잠을 잤던 적이 없었다. 이참에 휴가까지 얻어 호젓하게 혼자 시간을 즐기며 이 공간을 기록해야겠다 마음먹었다.

월요일, 두 아이와 미술 수업을 마치고 집으로 갔다가 가만히 있자니 하루 당겨도 되겠다는 생각에 부랴부랴 짐을 싸기 시작했다.

"희랑아, 원래는 내일 가려고 했는데 오늘 저녁에 작업실로 갈게. 그래도 되겠지? 전화 잘 받을게."

큰 선심 쓰듯 아이는 엄마의 휴가를 허락했고 혼자 있는 작업실에서 그림 한 장을 완성하는 동안은 콧노래가 흘렀다. 문제의 시간은 새벽 두 시부터였다. 머리가 무거워 자야 하는데 눈을 감을 수가 없었다.

'평소에 늘 까맣던 집에 불이 켜져서 오히려 표적이 되면 어쩌지.'
'이래서 1층에는 방범창을 하나 봐. 저 허술한 고리가 무슨 소용이야.'

'눈을 감았다 떴을 때 사람 실루엣이라도 보이면 어떡하지. 으악. 어떡해.'

수십 번을 망설인 끝에 남편에게 메시지를 보냈다.

"자요?"

그리고 무너진 자존심이 걸려 바로 삭제했다.

"??무서워? 왜 안 자?"

새벽까지 TV를 보는 남편이 그렇게 예쁠 수가 없었다.

"ㅋㅋㅋ 무서워."

"얼른 와."

"못 나가요. 무서워서."

"작업실 불 끄지 말고! 핸드폰 플래시 켜고! 차 문 열고! 시동 걸고! 출발!"

그렇게 작업실을 뛰쳐나와 집으로 돌아오면서 외치고 또 외쳤다.

"멍청이, 멍청이! 바보, 바보, 바보!"

이미 나는 끈을 풀어 주어도 도망가지 못하는 사막의 낙타가 되어 버린 것이다.

예정대로 아이와 함께(아이의 도움을 받아) 작업실에서 두 밤을 보냈다. 하고 싶은 일이 많았지만, 창고로 쓰던 큰 방에서 작은 방으로 짐을 옮기고 큰 방 페인트 작업만으로 꽉 찬 하루를 써 버렸다.

베란다에서 물놀이하다 흠뻑 젖은 몸으로 나에게 와서는 앞뒤 없

는 말을 하는 아이에게

"희랑아, 이 방은 어떤 방으로 만들까? 뭘 했으면 좋겠어?"

"책방 할까?"

망설임 없이 기다린 듯 답하는 아이에게 홀려 곧바로 줄자를 꺼내 적당한 책장 치수를 재고 바닥 매트를 검색하는 나를 보며 한숨이 나왔다.

'내 방이잖아! 나 혼자 그림 그리고 재봉하고 책 보고…. 전부터 계획했던 내 방!'

머리로는 잘 안다. 어느 한쪽의 끝없는 희생보다 시간이든 물질이든 양쪽이 제 몫을 가지며 균형을 이루어야 조화롭다는 것을. 출처를 알 수 없는 이 못난 모성애에서 벗어나기 위해 부단히 노력 중이다. 어찌 보면 나와 아이의 궁극적인 목표이기도 하다.

셋째 날에는 묵혀 두었던 쓰레기를 버렸다. 오래돼 쓰지 않는 미술 재료들, 그동안 머물렀던 아이들의 흔적들도 이제는 정리할 수 있었다. 새로운 자리에 그림을 걸고 새 커튼을 달았다. 그랬더니 제법 화실 분위기가 풍겼다.

아이들이 완성한 각각의 그림에는 재생 버튼이 있다. 버튼을 누르면 그 그림을 그리며 우리가 나누었던 대화들, 표정, 그날의 공기가 짧은 영상으로 눈앞에 흐른다. 그런 고마운 추억을 이 작은 캔버스에 담아 나에게 선물하는 아이들에게 언제나 미소가 앞선다. 지극히 당연한 일이다.

예고를 졸업하고 제품 디자인을 전공한 엄마와 미술에 흥미가 있는 두 아이가 있다. 우리는 앞으로 어떤 이야기를 만들고 어떤 일을 하게 될까?

이 작은 공간에서 말이다.

2021.10.31 알리오라우드 희랑

PART 4
가을

부은 눈 번개 머리
다 좋은 아침
ㅈㅇ20210922

17
단양
또 하나의 처음 · 소백산

가을이다!

선선한 바람을 기다리며 야심 차게 준비해온 일정이 있었다. 물놀이가 끝나고 가을에는 등산하기로 아이와 한 달 전부터 약속했었다.

"희랑아, 9월이야. 우리 약속한 대로 이번 여행에서는 산에 갈 거야."

"어디? 어디 산?"

"백운산 아니야. 훨씬 더 높은 산이야. 6시간이 걸린대. 6시간 동안 우리 같이 걸을 거야. 이름은 소백산이야."

"네. 소백산…."

찌는 한여름을 제외하고 일주일에 한 번씩 아이와 백운산(영종도)을 올랐다. 초반에는 1시간 30분, 최근에는 50분이면 왕복이 가능한 코스다. 운동량이 충분치 않아 정상에서 반대쪽으로 하산해 반원을 그리며 원점으로 돌아오기도 했다. 그러다 욕심이 난 것이다. 이 에너지라면 여행 중에 눈으로만 밟던 그 길을 두 발로 오를 수 있을 것 같았다.

더위가 한발 물러난 어느 날, 한참을 쉬다 오랜만에 백운산에 올랐다. 앞서가는 아이와 간격을 유지하려고 노력했지만, 점점 벌어지는 거리를 좁히기가 어렵던 찰나에 아이가 뒤를 돌아보았다. 그러고는 성큼성큼 내려와 말없이 내 머리를 쓰다듬었다. 내 발이 다시 내딛음을 시작할 때까지 묵묵히 기다려 주는 아이의 마음을 잘 안다. 지난날에 내가 누군가에게 수도 없이 주었던 그 마음과 같을 것이다.

"희랑아, 이제 내리막이야. 다리에 힘 꽉 주고 천천히 내려와."

"엄마도 천천히 내려가요. 위험하니까."

'엄마도' 란다. '엄마도'

이런 미묘한 발전을 읽어내는 것은 나만 갖은 특권이다. 제아무리 대단하다는 검사라도 찾아낼 리 만무하다. 그깟 숫자로 환산될 가치가 아니기 때문이다.

한 번도 해본 적 없는 소개팅이 이런 기분일까?

설마 단번에 완등이 가능하겠어? 하는 데까지 하고 내려 올 거야. 조금씩 늘리면 되지. 근데…. 혹시라도 정상을 찍게 되면 어쩌지! 정상은 어떤 모습일까? 내 눈에 담길 풍경은 어떻고 그때 내 심장은 어떤 상태가 될까? 올라가는 길은 어떻게 생겼을까? 새로 산 등산화는 탈 없이 발에 잘 맞을까? 날씨는 괜찮을까? 개방 시간에 맞춰 내려올 수 있을까? 아이는 순간순간 어떤 얼굴을 하고 있을까? 정상에서 인증 샷은 남길 수 있을까?

이런 며칠간의 들뜸과 설렘이 새삼 반가웠다.

"희랑아, 오늘은 어느 마트에 가고 싶어?"

"계양 롯데마트 갈까?"

"그래. 그리로 가자."

출발하고 고속도로 입구에 다다랐을 때 뒤늦게 알아차리고 아이에게 다시 제안했다.

"희랑아, 우리 이번에 단양으로 여행을 가는데, 인천대교로 가야 하거든. 이쪽으로 가면 좀 돌아가야 해서…. 송도 마트로 가면 어때?"

"네. 홈플러스 송도점 가요."

갑작스러운 경로 변경, 그 유턴이 몇 개월짜리 공부인지는 우리만 아는 이야기다.

이번 마트에서 우리는 아무 지출도 하지 않았다. 숨을 몰아쉬며 돌아온 아이가 그냥 가자며 길을 재촉했기 때문이다. 나의 예상으로 아이가 기대했던 책이 없었으리라 생각하지만, 사실 이런 상황은 나를 바짝 긴장시킨다. 내가 상상하는 혹은 상상할 수 없는 무수한 돌발 상황이 있지 않았을까 하는 걱정에서다.

그래도 덕분에 아주 오랜만에 재래시장에 들를 수 있었다. 단양 시내에 있는 작은 시장이었다.

"희랑아, 시장 정말 오랜만이지? 예전에 우리 많이 갔었는데. 기억이 날까 모르겠네."

"기억나요."

아이가 다녔던 치료실과 가까이에 재래시장이 있었다. 아이를 수업에 보내고 포장마차에서 먹었던 떡볶이, 두툼하게 썰어서 들기름에 부쳐 먹었던 두부, 단골 정육점도 그리웠다. 시장 안으로 한참 들어가면 있었던 닭꼬치 가게 사장님은 아이를 참 예뻐하셨다. 늘 착하다, 씩씩하다, 칭찬해 주셨다. 모퉁이 과일 가게에서 과일을 받아들고 "얼마에요?"하면, 씩 웃으시며 "몰라요~"하셨던 미남 삼촌도 생각난다. ("삼촌, 제가 할게요."하고 옆에 있던 여자분이 계산을 맡아 했던 걸 보면 금방 이해되는 상황이었다.)

치료를 중단하고 이후로는 시장에 갈 기회가 통 없었는데 기분 좋은 추억까지 실어다 주는 이 공간이 참 고마웠다.

소백산으로 들어가 가장 끝 마을에 캠핑장이 있었다. 경사면에 자리 잡은 작은 캠핑장이라 조용하고 경치가 그만이었다. 등산로 입구까지 걸어서 5분도 안 걸리는데 주변에 마트나 카페 같은 편의 시설이 없지만, 전혀 단점이 되지 않는 이유다.

텐트 안으로 쏟아지는 노을을 온몸으로 받으며 아이와 이른 저녁을 먹고 모처럼 여유로운 시간을 보냈다. 아이는 평소와 같이 캠핑장 이곳저곳을 둘러보았고 공용 공간에 있는 그네 의자에 앉아 하늘을 한참 동안 올려다보았다.

그러다 불쑥 나에게 와서는 "엄마, 차로 가자."하더니 이불에 파묻힌 지 얼마 지나지 않아 잠이 들었다. 그게 7시 50분이다.

'아, 이런. 참 당황스럽네. 한바탕 이야기나 들어 줄 생각이었는데…'

이른 새벽 기상은 예상을 빗나가지 않았다. 아침 6시에 먼저 일어난 아이가 나를 흔들어 깨웠다. 요즘 아이는 잠들어 있는 나를 깨우는 것에 집착을 보인다. 평상시에도 이른 아침에 나를 깨우고, 일어나 앉은 것을 확인한 다음 다시 나머지 잠을 자곤 했다. 이런 행동의 이유는 아이의 말속에서 찾을 수 있었다.

"엄마 안 죽어." "엄마 죽지 마세요." "엄마 숨 쉬어."

아이는 종종 잠든 나를 찾아와 귀를 바짝 들이대고 숨소리를 확인한다. 소리가 안 들린다며 크게 숨을 쉬어 보라고 주문을 하기도 한다.

큰아이가 유치원 무렵에 이와 비슷한 행동을 했었다. 아빠 엄마의 죽음을 두려워하고 살아있음을 확인하던 시기, 그 시기가 이 아이에게도 찾아온 것이다. 보통의 발달 과정과 순서가 다르지만, 이 아이만의 과정에서 발견되는 이런 변화들은 언제나 반갑고 기쁘다.

김 가루를 듬뿍 넣은 주먹밥 두 덩이와 커피를 준비해 길을 나섰다. 캠핑장에서 200m가량 내려오니 산길로 진입하는 남자가 보였다. '저기다!' 등산복, 모자, 지팡이···. 누가 봐도 진입로다. 유니폼은 때때로 풍자의 대상이 되기도 하지만 오늘 아침 우리에겐 감사한 길잡이였다. 그분이 아니었다면 예상보다 좁다란 진입로가 내내 미심쩍었을 것이다.

게다가 등산로에 들어서자마자 자지러지듯 아이가 소리를 질렀다.

"으악, 뱀이잖아! 엄마! 뱀이에요!"

앞서가는 한 명이 없었다면, 그 뱀을 아이가 아니라 내가 보았다면 우린 분명히 돌아왔을 것이다. 비겁할지라도 이 상황에서 타이르는 쪽이 되게 하심에 절로 감사 기도가 나왔다.

"희랑아, 우리 동물원에서 뱀 많이 봤잖아. 뭐 어때. 여기가 뱀이 사는 집인데."

"여기가 뱀네 집이지."

속내를 들키지 않으려면 최대한 능청스러워야 했다.

줄곧 머릿속에 그려지는 뱀의 얼굴을 향해 '예쁘다, 예쁘다.' 주문을 외면서도 뱀을 보고 소리를 질렀던 아이가 새삼스러웠다.

'언제부터 희랑이가 뱀을 무서워했지? 동물이라면 가리지 않고 주무르던 아이였는데….'

말갈기를 뜯어 먹고, 소 눈을 찔러 보고, 손에 잡히는 동물마다 피규어 다루듯 했던 것들도 이제는 옛일이었다.

어의곡 코스는 진입 초반부터 얼마간 외길이다. 혼자 걸을 때 양옆으로 자라난 풀들이 살짝씩 몸을 스칠 정도로 길이 좁았다. 워낙에 울창한 나무들이 품고 있는 길이라 이파리가 만든 지붕이 해를 가렸고 관중(양치식물 고사리목)과 함께 나무가 내어준 품에 폭 안겨 있는 느낌이었다. 오르는 동안 넓게 닦긴 길을 만나지 못했고 끝이 안 보이는 그늘진 터널을 개미가 되어 허우적거리는 듯한 기분도 들었다. <처음>이 주는 신선함과 긴장감이 몸 안에서 소용돌이쳤다.

이런 요소요소는 아이에게 몇 배가 되어 작용했을 것을 안다. 그리고 아이는 그 마음을 고스란히 드러냈다.

"엄마, 희랑이는 못 가겠어요."

"엄마, 희랑이는 안 간대요."

"엄마, 희랑이는 돌아갈래요."

아이는 '나는' '저는'과 같은 단어를 잘 사용하는데 평소와 다르게 본인을 이름으로 지칭하는 것으로 보아 적잖게 요동치는 마음을 읽을 수 있었다.

중간중간 나를 멈춰 세우고 자기는 그만 내려가겠다며 몇 발 짝을 내려갔다가 곧바로 뛰어 돌아와 오르는 나와 합류하곤 했다. 이 여행을 시작했던 파주에서와 비슷한 모습이었다.

그런데 참 신기했다. 그런 아이의 모습을 보면서 '정상을 보겠구나!' 싶었다. 이해할 수 없지만 확실한 마음이 내 안에서 일었다. 그날 그 짜증과는 사뭇 달랐다.

돌계단 중간에서 잠시 앉았다. 허기도 채워야 했고 다리도 슬슬 굳었다.

"희랑아, 주먹밥 먹자. 좀 쉬었다가 다시 올라가자."

"전 안 먹을래요."

"그래 그럼. 엄마만 먹을게."

아이가 주먹밥을 먹지 않는다는 것을 알고 있다. 그렇다고 대체할 미끼도 준비하지 않았다. 젤리, 음료수, 과자로 환심을 사고 싶지 않아서다. 잠깐의 휴식을 갖고 다시 일어서는데 다리가 말을 듣지 않았다.

'아, 진짜 여기까지 해야겠구나. 더는 무리야.'

몇 발짝을 더 오르고 다시 앉았다. 아이와 해야 할 거래가 있어서다.

"희랑아, 주먹밥 먹으면 여기서 돌아갈게. 먹기 싫으면 안 먹어도 돼. 그냥 정상까지 가도 돼."

"안 먹을래요. 올라갈래요."

'힝. 이런. 할 수 없지 뭐!'

가방을 고쳐 매고 일어서는데 아이가 손을 붙잡았다.

"먹을래요."

이래도 저래도 좋은 거래에서 아이가 한 선택에 미소가 나왔고 아이도 내려가는 길을 향해 몸을 돌렸을 때부터는 연신 웃어댔다.

2시간을 오르고 1시간 40분을 내려왔다. 아이와 했던 산행 중 가장 긴 시간이었다. 풀린 신발 끈을 고쳐 매느라 쪼그려 앉았더니 다리가 사정없이 후들거렸고, 다 내려와서는 왼발에 쥐가 났는데 문득 궁금했다. 아이는 이 느낌을 알까? 쥐가 난다는 의미, 다리에 알이 배었다는 의미, 온몸이 뻐근하다는 의미⋯. 그 의미들을 알고 있을까?

아이의 허벅지를 주무르면서 물었다.

"희랑아, 여기가 어때? 욱신거리지 않아? 좀 아픈 것 같지 않아?"

"아니요. 괜찮아요. 안 아파요."

아이는 다음날에도 똑같이 대답했다.

아직 느낌을 표현하는 것이 어려울 수도 있다. 혹은 정말로 느낌이 없는 것일 수도 있다. 아이가 여태껏 숨이 찰 만큼, 몸에 알이 배일만큼 운동해 본 적이 언제였더라? 선뜻 기억이 나지 않는다. 엄청난 속도로 커지는 힘을 아이가 스스로 조절하려면 어떤 연습을 해야 할까? 묵직한 고민을 하게 되었다.

등산로 입구와 캠핑장 사이에는 여러 모양의 집들이 줄지어 있었다. 흔히 볼 수 있는 시골집도 레고로 쌓은 것 같은 이층집도 잔디가 잘 정돈된 집도 있었다. 길 따라 자란 코스모스 사이사이에 보랏빛 나팔꽃을 보며

"희랑아, 나팔꽃 알아? 나팔처럼 생겨서 이름이 나팔꽃이래. 너무 예쁘지?"

"나팔처럼 생겨서 나팔꽃이래."

몇 걸음 더 가서는 배나무 앞에 멈춰 아이가 먼저 말했다.

"배야. 배를 포장했어."

"맞아. 배를 종이로 쌌어. 이렇게 하면 열매가 더 잘 큰대. 배가 더 맛있어진대."

허리를 숙이고 몸을 기울이며 배나무를 들여다보는 아이를 보고 깨달았다.

'처음이구나. 배나무를 본 것이, 이렇게 나무에 달린 배를 본 것이 처음이구나.'

오늘 겪은 여러 가지의 처음이 감사했다.

그리고 더 크게 감사해야 할 것을 발견했다. 나의 성장이다.

오르는 두 시간 동안 멈추지 않았던 아이의 짜증에 나의 마음이 다르게 반응했다. 첫 여행에서처럼 목을 조르지도 심장을 쥐어짜지도 않았다. 처음에는 아이의 성장이라 생각했다. '그사이 많이 컸구나. 그래서 내가 편해졌구나.' 생각했다.

그런데 그게 아니다. 첫 여행에서도 오늘처럼 내가 넉넉하게 받아 주었더라면 아이가 불안 위에 불안을 쌓는 일은 하지 않았을지도 모른다.

아이를 대하는 하루하루가 나에게도 처음이다. 그래서 어제와 다른 오늘의 아이를 충분히 알지 못한다. 미숙한 내가 익히고 성장하면 아이의 변화는 저절로 따라오는 것인데, 어리석게 너를 가르치겠다, 너를 바꿔 놓겠다, 교만을 부렸다.

아이를 바라보는 마음 그 자리에 반드시 넉넉한 여유를 챙겨 두어야 한다. 그것이 서로를 위한 지혜임을 기억해야 한다.

9월이면 대부분의 학교에서 2학기를 시작한다.

새 학기를 시작하는 아이와 나의 모습은 매우 달라졌다. 아이는 이번 주에 가게 될 마트와 서점을 고르고 어떤 책을 사야 할지 고민한다. 다음 미술 시간에 그릴 공룡을 미리 생각하고 여행은 몇째 주인지, 장소는 어디인지, 미술 전시는 며칠인지 한 달의 계획을 확인한다.

나는 그 일정에 필요한 예약을 하거나 준비물을 챙긴다. 월별로 새로운 일들이 생기기도 하는데 이번 달에는 아이가 미술 대회에 참가했다.

그렇다고 쉬울 법한 일들로 쏙쏙 가려서 고르는 것도 아니다. 아이가 읽고 있는 <마당을 나온 암탉>은 앞서 읽던 책들보다 두 배 정도

양이 많다. 읽는 중간중간 깊은 한숨을 내뿜다가도 다시 집중해 끝을 보는 아이를 보고 있으면 가슴 속에서 기립박수가 나온다.

새롭게 시작한 등산도 지금은 하늘 한 번 보지 못하고 돌아 내려오는 수준에 불과하지만, 머지않아 정상에 서게 될 것을 확신한다. 우리가 함께 해 온 그간의 연습이 이 믿음을 가능하게 해 주었다.

이제 우리는 우리의 시간을 스스로 계획하고 기대한다.

을전56 캠핑장 ★★★★★

∘ site 3 (노을뷰가 가장 좋은 자리)

∘ 화장실, 샤워실 시설 깨끗함 (상)

∘ 단양 시내 하나로마트, 재래시장 (캠핑장 주변에 편의 시설 없음)

∘ 등산로 입구까지 5분

2박, 8만 원

비가 그러잖아
아무것도 하지말라고
ㅈㅇ20210930

18
평창
내가 너에게 줄 수 없는 것

2021.9.28-30 · 화-목

나의 아빠는 내가 큰아이를 임신했을 때 급성 뇌출혈로 돌아가셨다. 공교롭게도 그날이 엄마의 생신이었다. 이날이 추석 이렛날이라 명절 연휴가 지나고 돌아오는 주말마다 친정에 다녀온다. 작년에는 코로나로 혼자 다녀왔고 네 식구가 함께는 꽤 오랜만이었다.

언니네 아이들과 큰아이들끼리 1살 터울이고 작은 아이들은 동갑이다. 서로 성별도 같다. 얼핏 생각하면 '고만고만해서 참 잘 놀겠구나.'싶지만 작은아이는 처음부터 놀이의 구성원이 되지 못했다. 스스로 원하지 않았으니 그랬다.

고1, 중3, 초등학교 6학년이 된 아이들이 오랜만에 만났고 낯가림도 잠시 금세 깨알 같은 수다로 얼굴에 웃음이 가득했다. 몸이 안 좋아 쉬고 싶다는 언니를 두고 어른들만 식당으로 나갈 때 아이들은 외출 준비를 시작했다. 그리고 식당에 도착했을 무렵 아이에게서 전화가 왔다.

"엄마, 나도 나가고 싶은데. 나도 외출하고 싶은데."

"희랑아, 희랑이는 게임 하는 시간이잖아. 오늘 안 하면 평일엔 못 하니까 집에서 게임하고 노는 게 좋겠어."

"알았어요."

마음이 쓰였지만, 두 조카와 큰아이 셋만 외출하게 되었다. 식사를 마치고 집에 돌아왔을 때 마침 아이의 게임 시간이 끝났다. 그리고 아이는 울기 시작했다.

"마트 가야 하는데! 언제 갈 수 있지! 마트 가야 하는데!"

청주에 도착하자마자 아빠와 마트는 있는 대로 이미 돌았다.

저 앞뒤 없는 말과 눈물이 어떤 의미인지 나는 알았다. 그리고 언니도 눈치챈 듯했다.

"이화가 데리고 나가려고 그랬어. 양말까지 신다가 갑자기 너한테 전화하더니 안된다고 하니까 도로 벗더라고."

"그랬구나. 그래도 희랑이가 따라갔으면 아이들 노는 게 힘들었을 거야. 어쩔 수 없지."

배고픈 아이에게 저녁으로 햄버거를 주문해 주고 허기가 채워지면서 감정도 가라앉았다.

아이 주변으로 어른들이 둘러앉았다.

"참~ 맛있게도 먹네. 어쩜 이렇게 맛있게 먹냐~"

아이가 골라낸 햄버거 채소를 드시면서 옆에 앉은 엄마가 말했다.

"그러게나 말이야. 희랑아, 너 먹는 거 보니까 이모도 먹고 싶다야~"

언니도 거들었다.

거실에서 이쪽을 지켜보던 남편이 말했다.

"희랑이가 저렇게 같이 있는 거 보니까 새롭다. 보기 좋네."

여태껏 친정집에 오면서 아이가 이렇게 오랫동안 함께 머문 것이 처음이었다. 가족들도 예민한 아이를 배려한다고 일부러 곁을 파고 들거나 먼저 말을 걸지 않았다. 늘 가족은 가족대로 아이는 혼자 집안 어딘가에 머물렀었다. 그러니 내가 너무 들떴다. 엄마와 언니에게 아이가 그린 그림도 자랑하고 이런저런 아이 이야기를 늘어놓았다. 누군가에게 아이를 이렇게 열정적으로 설명하는 일이 참 오랜만이었다. 그러느라 아이의 마음을 위로하는 일을 잊었다.

밤 9시, 아이들이 돌아올 때까지 안절부절못했던 아이를 위해 집에 오는 길에 마트를 한 번 더 들렀다. 아이가 혼자 구경을 나간 사이 딸에게 고마운 마음을 전했다.

"이화야, 희랑이 챙겨줘서 고마워. 같이 나가려고 했다며."

"응. 근데 엄마가 안 된다고 하니까 희랑이가 바로 양말 벗고 게임을 하더라고."

"근데 이화야. 정말 괜찮아? 같이 갔었어도 괜찮았겠어? 다음엔 같이 보내도 되겠어?"

"네. 괜찮아요."

"그래! 우리 다음엔 같이 보내자. 희랑이도 이제 커서 누나 말 잘 들어. 집에서도 이화가 하지 말라고 하면 딱 안 해."

남편의 말에 선뜻 대답하지 못했다.

평창으로 가는 길에 아이가 유튜브 세상으로 들어간 틈을 타 펑펑 울었다. 옆에 앉은 아이 때문이 아니었다. 큰아이 때문에 마음이 아팠다. 친정을 다녀온 후 혼자 마음을 추스르면서 그 아이가 연일 마음이 쓰였다.

'내가 어떻게 해야 했을까? 보냈어도 됐을 것을 내가 먼저 편견을 만든 건가?'

이런저런 생각을 곱씹어 정리하고 여행에서 돌아와 남편에게 말했다.

"여보, 나는 같이 보내지 않을래. 그날 같이 나갔더라면 이화가 그렇게 못 놀았을 거야. 방 탈출 카페에서도 어떻게 똑같이 집중하고 놀았겠어. 나는 이화가 긴장하는 게 싫어."

"이화가 괜찮다잖아. 진짜 괜찮을 수도 있어. 아무 일도 없을 수도 있어."

"난 이화가 대답했을 때 잠깐의 망설임을 읽었어. 사실 이화가 할 수 있는 대답이 그것뿐이잖아."

"아, 그랬어…."

"이화가 성인이 되면, 그래서 스스로 긴장을 안 하고 주변 시선에도 괜찮아지면 그때는 허락할게. 지금은 아니야."

"그래. 그러자. 그렇게 하자."

'이화야. 엄마가 너를 못 믿어서가 아니야. 너를 많이 아껴서야. 성인이 된 어느 날 "엄마, 희랑이랑 쇼핑하고 올게요." 그 말에 엄마가 아무렇지 않은 날 기꺼이 너의 손에 희랑이를 맡길게. 그리고 그때까지 엄마가 많이 가르쳐 놓을게. 너무 고맙고, 사랑해. 우리 딸.'

가르칠 것이 많아 부지런함을 선물로 준 아이와 마트에 들렀다. 간단한 장을 보고 아이는 공룡 책 다섯 권을 골랐다. 계산대로 향하다 아이가 잠시 멈추었다.

"엄마, 이 책은 다시 놓자. 다른 책을 사자."

"아, 바꾸려고? 그래, 바꿔도 돼."

"바꾸려고… 바꾸려고…. 엄마, 이 젤리도 바꾸자. 다른 게 좋겠어."

"그래그래. 마음에 안 들면 바꾸는 거야. 그게 현명한 거야."

장을 보면서 이런 모습은 처음이었다. 이전이라면 다음에 그 마트에 다시 가자고 했을 것이다. 본인이 만든 구매 목록이 실행될 때까지 조바심을 냈을 것이다. 그랬던 아이의 사고체계에 <교환>이라는 새로운 방식이 생겼다.

아이의 변화에 흐뭇하던 것도 잠시 캠핑장에 도착해서 아이는 갑자기 감정이 뒤집혔다. 짐을 내리는 동안 왔다 갔다 일정한 동선으로 바삐 움직였고 끝내는 주저앉아 울음을 터뜨렸다. 옆 텐트의 어린아이 때문이었다.

"희랑아, 책 볼래?"

"안 돼요. 안 돼요. 차에 넣으세요. 안 돼요."

책 꾸러미는 차에서 꺼내는 것조차 허락되지 않았다.

이번 캠핑장은 숲속에 개별 데크가 마련된 곳이어서 짐을 내리고 차는 주차장으로 옮겨야 했다. 워낙 부지가 넓은 캠핑장이라 주차장까지 거리도 제법 있었다. 아이는 주차장으로 가야겠단다. 거기에 혼자 있고 싶단다. 그런 아이를 주차장으로 데리고 가서 말했다.

"희랑아, 봐. 여기 사람이 있어? 아무도 없지? 차 안에 혼자 있는 건 이상해. 모두 텐트에 있잖아. 넌 차가 아니야. 사람이야."

"난 차가 아니지. 사람이지."

아이는 순순히 따라 텐트로 돌아왔다.

이렇게 불안한 내 아이를 도와준 건 다름 아닌 그 어린아이였다. 그리고 그 아이의 부모였다. 옆 텐트의 가족은 내내 차분했다. 아이가 소리를 지르는 일도 떼를 쓰는 일도 없었고 이른 시간에 엄마와 잠을 청했던 감사한 아이였다. 화로에 불을 피우고 나와 수다를 할 때도 저녁 식사를 할 때도 심지어 텐트 안에 있을 때는 종종 나가 살피며 아이의 관심은 온통 옆 텐트였다. 다음날 옆에서 짐을 정리하기 시작하자 아이는 몇 번씩 나가 보며 진도를 확인했고, 마지막 짐을 차에 실었을 때 외쳤다.

"에이 파이브 정리 끝~~~!" (우리 자리는 A6다.)

아직 차가 떠나지도 않았는데 말이다.

옆자리가 완전히 비워진 것을 확인하고 텐트로 돌아온 아이가 말했다.

"엄마, 차 키 어딨지?"

"차 키는 왜?"

"책 가져오려고."

그래. 다 계획이 있던 아이였다. 상황이 정리되고 마음이 안정되었을 때 볼 참이었던 것이다. 그때부터 아이는 공룡 책 다섯 권을 빵 둘러 펼치고 상상의 성을 쌓아 올렸다.

첫째 날 밤, 마지막 장작을 화로에 넣었을 때 갑자기 굵은 비가 쏟아졌다. 그리고 그 비는 셋째 날 새벽에야 멈췄다. 종일 틈도 없이 쏟아지는 비가 말하는 듯했다.

'산에 갈 생각은 접어. 내가 더 좋은 걸 줄게.'

이불로 한 번, 전기장판이 만들어주는 온기로 두 번, 온몸을 휘감은 채 하염없이 밖을 내다보았다. 나뭇잎을 툭툭 건드리다 이내 데크 위로 깜박거리며 떨어지는 빗방울 그리고 숲속에 울려 퍼지는 소리. 나에게도 옆에서 공룡과 함께 노는 아이에게도 등산보다 더 좋은 것이 틀림없었다.

이웃이 없는 두 번째 밤을 보내며 아이와 이야기를 나눴다.

"희랑아, 어제는 동생이 있었는데 아무 일도 일어나지 않았어. 동생이 울지도 않고 혼나지도 않고 너무 착한 동생이었지? 그치?"

"네!"

"그거 봐. 동생이라고 매번 우는 게 아니야. 슬픈 일이 있을 때만 우는 거야. 슬프지 않을 때는 안 울어. 그러니까 걱정하지 마. 알겠지?"

"네!"

경쾌한 대답 끝에 아이가 말했다.

"친구들이 나 빼고 가면 안 되겠어. 나 빼고!"

"응?"

아이 말에 당황스러웠다. 그리고 처음 듣는 표현에 기특했다. 그제야 나는 그 자리에서 하지 못했던 위로를 전했다.

"희랑아, 속상했지! 희랑이만 못 가서 속상했지! 엄마가 허락할 수 없어서 미안해. 엄마한테 누나도 너무 소중해서. 그래서 그랬어. 미안해."

"나도 밤에 나가고 싶은데. 언제 나가지?"

"16살에 나가. 누나처럼."

"16살? 누나처럼?"

아이가 손으로 두 눈을 가리고 크게 웃었다. 감당하기 어렵다는 몸짓이다.

한참 대화를 하다 보니 여행을 출발하고 둘째 날 밤까지 내가 하지 않은 말이 있었다.

"희랑아, 대화 잠깐 쉬자." "희랑아, 말은 20분만 쉬자." "희랑아, 50분 될 때까지 우리 말은 하지 말자." "대화 그만. 엄마 머리가 아파."

이런 말들. 다급한 순간에 나오던 이런 말들을 한 번도 하지 않았다. 세상에. 그 많은 대화를 하면서 머리가 아프지도 가슴이 조여오지도 않았다. 너무나 편안한 대화였다.

뭐가 달라진 걸까?

나와 아이의 감정이 오롯이 대화에 집중할 수 있는 상태로 바뀌었다. 나는 아이의 홈스쿨을 시작하고 거의 사람을 만나지 않았다. 놓친 것 중에 좋았을 것들도 있었겠지만 그렇지 않은 것을 걸러냈던 것이 나에겐 더 이득이었다. 그러면서 아이 말을 담기 위한 마음의 공간을 넓힐 수 있었으니 말이다.

여유가 생긴 엄마의 영향이었을까? 시간이 준 아이의 성장 덕분일까? 이제 아이는 말을 하면서 스스로 어쩌지 못하는 불안함으로 나를 흔들어대지 않는다. 아이에게 생긴 안정감이 우리 사이에 정신적, 물리적으로 안전한 거리를 만들어 주었다.

또 한 가지 큰 변화는 이것이다! 지금까지 아이가 한 가지 이야기를 백 번 했었다면 이제는 열 가지 이야기를 열 번 한다. 우리 사이에 공유할 수 있는 에피소드가 많아진 것이다. 아이에게 말하고 싶은 인상적인 일들이 늘어난 것이다. 똑같은 백 번의 이야기가 이제는 힘들지 않은 이유다.

분명하지만 막연하기도 했던 여행을 시작하면서 왜 반드시 여행이어야만 했는지, 왜 내 마음이 한 번의 흔들림도 없이 직진이었는지 조금씩 깨닫고 있었다. 자연이 움켜쥔 백 개의 비밀 카드 중 서너 개 정도는 들춰 본 것 같다.

집으로 향하며 아이가 말했다.

"집에 가서 햄스터랑 놀아. (놀아도 돼요?)"

"그래. 샤워 먼저 하고 놀아."

아이는 집에서 키우는 햄스터 아홉 마리를 돌아가며 하나씩 매만지고 물과 사료를 주는 일, 주변을 청소하는 일을 스스로 한다. (2주에 한 번씩 톱밥을 통째로 갈아 주는 일만 나의 도움을 받는다.)

으르렁거리며 반감을 갖는 개들과의 관계가 어려운 것을 깨달은 아이는 비교적 주무르기 쉬운 햄스터에게 마음을 더 준다. 많이 개선되었지만, 여전히 거친 부분이 남아 있는 아이에게 말한다.

"희랑아, 햄스터가 불편하지 않게 살살 만지면 물지도 않을 거야.

그러면 햄스터도 희랑이를 좋아할 거야. 그리고 있잖아, 그렇게 하다 보면 친구도 생길 거고 친구가 친절한 희랑이를 좋아하게 될 거야. 그러니까 연습해 봐."

"친절하면 친구가 좋아할 거야."

요즘 아이의 인사는 <친구>다.

학교에서 돌아온 누나에게

"누나! 난 언제 친구를 만나지? 언제? 언제?"

퇴근한 아빠에게도

"아빠! 나 친구 초대해야 하는데! 언제? 언제?"

일반적으로 자폐는 <자기 세계에 빠져 사는 사람> 정도로 이해된다. 그러나 그렇다고 그들이 타인의 필요성을 부정하는 사람도 아니다. 즉, 친구를 필요로 한다. 다만 어울리는 방법이 서툴 뿐이다. 자폐인의 사회생활이 혹은 감정 교류가 어디까지 가능한 것인지 나는 잘 모른다. 내가 아는 분명한 사실은 이토록 친구를 갈급하며 감정에 솔직한 아이가

'저 사람이 언제 어떤 일로 등을 돌릴지 몰라. 또 내가 상처받을 거야. 그냥 난 혼자가 좋아.'

가면을 쓰고 단단한 척하는 나보다 용감하다는 것이다. 아이러니하게도 세상은 이런 나를 정상! 아이를 장애! 라고 분류하지만 말이다.

친구를 사귀는 일은 비단 이 아이만의 어려움이 아니다. 큰아이도

기관에 다님과 동시에, 학교에 입학해서는 더더욱 매일 같이 고민해 왔던 주제다. 어제 싸웠던 친구와 오늘은 절친이 되고 다음 날에 다시 절교하고. 죽고 못 살던 몇몇이 나뉘어 원수가 되고 다시 하나가 되고. 그마저도 코로나로 등교하지 않다 보니 너도나도 아이들 스스로 혼자라고 고민한다.

"희랑이만 어려운 게 아니야. 요즘 아이들이 다 그래. 만나는 것 자체가 어려워서 놀 시간이 귀해. 애들(조카들)도 밖에 나간 거 진짜 오랜만이야."

위로 섞인 언니의 말이 충분히 공감되었다.

돌아보면 이런저런 사회문제가 늘 존재했지만, 아이들에게 이리도 단호히 <거리>를 가르친 적이 없었다. 투덕거리고 부딪히며 사람을 배워야 할 때 지금 아이들은 거리를 배우고 그것이 자신을 지키는 일임을 배운다. 동시에 관계의 어려움은 깊어만 간다.

친구를 만드는 일은 모두에게 어려운 숙제다.

누가 대신해 줄 수 없는 각자의 숙제.

샬롬빌리지 캠핑장 ★★★★★

∘ site A6 (울타리가 쳐진 단독 사이트로 옆자리와 간격 넓음)

∘ 화장실, 1인 샤워실 시설 깨끗함(상)

∘ 데크 옆으로 계곡 있음

∘ 부지가 넓어 아이와 산책하기에 좋음

∘ 캠핑장 주변에 편의 시설 없음

∘ 바퀴 달린 집 촬영장

2박, 12만 원

말이 없는 아이
넌 누구니
ㅈㅇ 20211030

19
포천
작은 마침표를 만나다

2021.10.26-28 · 화-목

한 달 전부터 적어둔 10월 달력이 제법 빼곡했다.

월초에는 아이의 장애 등록 갱신을 위해 재검을 받았는데 5년 만의 병원 방문이었다. 그 5년 전 필름이 눈앞에 재생되며 이번에는 또 어떤 드라마를 찍게 될는지 염려도 기대도 되었다. 당시 병원 트라우마가 강하고 기다림이 힘들었던 아이와 진땀을 빼가며 긴 검사를 가까스로 마쳤다. 검사 중 뭐 한 가지도 제대로 참여하지 않는 아이와 뭐 한 가지도 문제 되지 않는 것이 없는 것처럼 말하는 의사 사이에서 '아, 집에 가고 싶다.' '아, 빨리 병원 밖으로 나가고 싶다.' 이 말을 나무판에 조각칼로 꾹꾹 눌러 도려내는 것처럼 머리에 새겼더랬다.

그때와 비교하면 이번은 굉장히 간소했다. 의사 면담과 1시간 30분 정도의 검사가 전부였으니. 대기실에서 기다리며 벽을 타고 넘어오는 아이와 선생님의 편안한 목소리를 듣는 것은 그리 어려운 일도 아니었다.

검사가 끝나고 들었던 결과에서 내심 기대했던 IQ가 5년 전보다 떨어져 있었다. 수치는 상대평가에 의한 것이고 이 또래의 폭발적인 성장과 비교하면 대부분의 재검에서 점수가 떨어지는 것이 일반적이라고 한다.

자, 이제 엄마의 평가지를 들여다보자.

"희랑이가 학교에 가지 않는다고 하던데요?"

"네. 홈스쿨을 하고 있습니다."

"집으로 선생님이 자주 오시나 봐요. 아이가 저와 이 상황에 대해 너무나 익숙한 듯 침착해서 놀랐습니다. 사실 이 무렵에 반항도 생기고 학습 부담도 있어서 부모님들이 더 힘들어하시거든요."

"저희 엄청나게 노력했습니다. 엄청나게요."

평가지에 적힌 숫자와 별개로 아이의 태도를 칭찬하시는 선생님이 반가웠다. 그간 우리의 노력을 알아봐 주는 사람을 만났으니 왜 아니겠는가. 아이의 긍정적인 부분을 콕콕 짚어 전달해 주었던 선생님 덕분에 병원을 다녀온 후로 며칠 동안 마음이 흐뭇했다.

"혹시 어려운 점이나 궁금하신 게 있으신가요?"

"다른 것보다 제 걱정은 아이의 틱입니다."

"틱요? 평가하는 동안 저는 뚜렷하게 보지 못했는데요?"

"무언가에 집중하고 있을 때는 잘 안 나와요. 그런데 생활에서 마트나 서점, 산책할 때도 머리를 흔들거나 팔을 하늘로 들어 털기도 하고 반복되는 소리도 내고요. 몇 걸음에 한 번씩 점프하기도 해요. 이런 행동들이 자라면서 더 크게 느껴집니다. 몸집이 커져서 그런 것 같아요. 집 안에서는 문제가 아닌데 처음 보는 사람들은 낯설고 불편해하니까요. 다듬어지면 아이에게 참 좋을 것 같은데, 틱에는 정말 약밖에 없는 건가요? 저희는 심한 부작용을 겪은 적이 있어서 약은 정말 싫거든요."

"의학계에서도 이런저런 연구를 많이 하는데요, 안타깝게도 현재로서 도움을 드릴 방법은 약뿐입니다."

"그렇죠. 결국, 약이군요. 다른 방법이 없는 거군요."

"희랑이와 공부를 하다 보면 저도 놀랄 때가 있습니다. 난이도가 꽤 되는 문제도 이해력이 빨라요. 지적 장애가 있는 아인데 가능한 건가요? 또 희랑이는 버스를 타고 혼자 외출도 해요.

중간에 햄버거도 사 먹고요. 자폐 아이가 이런 게 가능한 건가요? 가끔 제 아이의 장애 유형이 헷갈립니다."

"결과를 보시면 아시겠지만, 아이의 다른 기능은 매우 높은 편입니다. 글을 이해하고 수학 문제를 푸는 것은 가능할 것 같아요. 그런데 이런 거죠. 햄버거를 키오스크에서 주문하는데 갑자기 키오스크가 작동을 안 한다거나, 불쑥 누군가가 질문을 해 온다고 했을 때, 아이는 대처가 어려울 거예요. 상황을 머리로 분석하고 언어로 표현하는 것이 미숙하니까요. 보세요. 아이는 언어 점수가 상대적으로 낮습니다. 전체 평균을 깎아내리는 이유예요. 다른 것보다 언어 비중이 높게 평가되거든요."

이리저리 엉켜있던 실뭉치가 올곧게 정리되었다.

'희랑이의 알맹이는 잘 자라고 있어. 잠깐 스치는 사람들이 알아보지 못하는 건 어쩔 수 없지만, 이렇게 아이의 역량을 발견해 주는 사람이 생긴다는 게 얼마나 다행이야.'

아이는 너무나 자연스럽게 검사실로 들어갔다. 정해진 시간 동안 주어진 일을 수행하며 내내 차분했다. 처음 만난 선생님과 말을 주고받으며 대화했고 꽤 어려운 문제를 소화했을 때 선생님으로부터의 칭찬에 뿌듯해하기도 했다.

낯선 공간과 사람에 대한 불안과 거부, 과제에 대한 부담이 사라지고 집중력과 성취감이 생겼다. 5년 만에 말이다.

부득이 숫자로 아이를 평가해야 하는 일은 피할 수 없지만, 숫자로 증명할 수 없는 그 풍성한 성장이 오히려 우리의 일상에 더 큰 영향을 미친다.

IQ 몇 점과 편안한 일상 중 선택을 한다면 어느 쪽일까? 나는 망설임 없이 일상을 선택할 것이다. 그래서 세상의 기준과 관계없이 이번 검사는 <매우 잘함>이다.

또 다른 일정 중 하나는 내가 들어야 하는 온라인 교육이었다. 오전 9시부터 오후 6시까지, 5일 동안 들어야 하는 장애인 활동 지원사 교육이 예정돼 있었다.

공동육아를 마무리한 이후로 희랑이와 민서가 작업실에서 나와 공부를 한 것이 6개월이 넘었다. 부모가 의무적으로 함께 해야 했던 이전 활동과 성격이 달라졌고 안정적인 작업실 운영과 지속성을 위해 새로운 준비가 필요했다. 해오던 활동은 유지하고 아이들의 성장에 맞추어 늘어날 활동도 대비하며 경제인 부담을 더는 방법을 찾은 것이다. 두 아이의 교육에 필요한 지출을 목적으로 나는 민서의 활동 지원사가 되었다.

"(활동 지원사 수입으로)내가 아이들의 그림을 사면 어떨까? 한 장에 얼마씩 가격을 정해서 매월 아이들에게 그림값을 주는 거야. 경제 개념도 만들어 주고 요즘 시들해진 아이들한테 동기 부여도 되고."

"오우! 그거 괜찮은데!"

민서엄마의 동그란 눈이 또 한 번 나를 들뜨게 했다. 일상 속 아이들의 변화를 공유하고 아이들을 위해 즐거운 상상을 함께 하는 건강한 엄마가 곁에 있다는 것은 참 고마운 일이다.

다음 달에 첫 정산이 있을 예정이다. 그리고 이것이 어쩌면 앞으로 우리가 함께하게 될 사업의 첫 단추가 될 것 같은 설렘이 밀려온다.

"민서야, 민서가 열심히 그림을 그려서 나한테 파는 거야. 그렇게 돈을 모으면 민서가 좋아하는 얼쵸를 100개 살 수 있어. 그 대신 집중해서 열심히 그려야 해. 대충 그린 그림은 내가 안 살 거니까."

"10만 원!"

"뭐? 10만 원? 그건 너무 비싸. 나중에 정말 멋지게 그려서 그렇게 팔아. 지금은 그 정도는 아니야."

"얼쵸 100개 살 거야."

이런 대화로 함께 한바탕 웃었다.

내가 온라인 교육에 발이 묶여 있는 동안 아이의 모습이 인상적이었다.

아이는 오전에 정해진 공부를 스스로 마치고 오후에는 원하는 곳을 다녀왔다. 하루는 연수동 스퀘어원을 다녀왔고, 이틀은 영종도를 여기저기 돌았고, 하루는 송도 현대 백화점을 다녀왔다. 그리고 하루는 나가고 싶지 않다며 집에 있었다.

내가 교육을 듣는 동안 방해하는 일도 없었다.

"희랑아, 엄마 시작한다. 이따 쉬는 시간에 만나."

"희랑아, 엄마 6시에 끝나. 그전에는 대화하기가 힘들어."

시간을 지키고 나의 일을 존중해 주는 아이를 보며 새로운 희망이 다가오는 것을 느꼈다.

'이제 내 일을 가져도 되겠구나.'

처음에는 긴 교육과정 동안 아이가 방치될 것만 같아 부담스러웠다. 지금껏 이 교육을 미뤄왔던 이유이기도 했다. 그러나 이번 기회가 아니었다면 볼 수 없었을 아이의 모습을 보면서 나를 돌아보게 되었다.

장애인을 냉대하는 것만 차별이 아니다. 오롯이 완전한 인격체로 보지 못하고 안쓰러워하거나 원하지도 않는 도움을 주고 싶어 하는 마음도 차별이다. 나는 자주 후자의 차별을 해왔다. 그래서 반성한다.

나름 빡빡했던 교육과 생소했던 실습을 마치고 후련히 여행길에 올랐다.

"엄마, 핸드폰은 언제 볼 수 있지?"

"희랑아, 이번엔 엄청 가까워. 마트까지 한 시간 걸리고, 마트에서 캠핑장도 한 시간이면 도착해. 그니까 안 봐도 될 것 같은데, 어때?"

"알았어요."

"고마워."

평소에 아이가 노래를 부르던 <안 가본 마트>를 찾아 고양에 들렀다. 대형마트 두 개와 교보문고가 모여 있어 아이에게는 최적의 놀이터였다. 마트보다 더 오랜 시간 머물렀던 서점에서, 다시 가고 싶다 해서 집으로 돌아오는 길에 들렀던 같은 서점에서도 아이는 책을 사지 않았다. 철석같이 지키던 일주일에 한 번, 책 사는 날인데도 말이다.

'왜 사겠다는 말을 안 하지? 분명히 볼거리가 많다고 했었는데….'

"똑같은 책을 계속 사면 안 되지. 집에 있는 책을 보면 되지."

이렇게 혼잣말로 드러나는 마음의 소리는 내가 아이를 이해하는 데 많은 도움이 되어왔다. 아이에게 사고 싶은 책이 없던 것이 아니다. <절제>를 알아가는 중이었다.

포천은 먼 거리가 아닌데도 도착해서 텐트를 칠 때쯤 어둠이 시작되었다. 시간을 재촉하는 그 계절이 다시 찾아온 것이다. 그렇지 않아도 달력을 넘기며 첫 여행을 시작했던 그 날이 다가오는 것에 여러 감정이 교차했는데 피부로 느껴지는 이런 기억은 또 다르다.

텐트를 치고 아이와 캠핑장을 한 바퀴 돌았다. 화장실, 샤워실 외에도 각 시설들의 위치를 확인해 둬야 머무는 동안 아이와 소통하는 것에 무리가 없었다.

대부분 캠핑장은 들어서자마자 한눈에 파악이 되는데, 이곳은 산속 깊은 곳인데다 경사가 심하고 면적이 넓어 시야에 쏙 들어오는 곳이 아니었다. 같은 이유로 자리마다 전망이 좋고 아이가 "한 바퀴 돌고 올게요." 할 때마다 "그래. 운동도 되고 좋겠다."했던 개성 강한 캠핑장이었다.

교육 일정으로 한 번을 건너뛰고 4주 만의 캠핑이라 진작부터 작정했었다. 온종일 불만 피우겠다고. 아무 데도 돌아다니지 않고 최선을 다해 늘어지겠다고.

아이스박스를 가지고 다니지 않아 육류 보관이 이틀까지는 어렵다. 그래서 둘째 날에는 식당에 가거나 마트에서 고기를 사 오곤 했는데 이번엔 그러지 않았다.

"희랑아, 엄마 이번에는 아무 데도 가지 않을 거야. 캠핑장에만 있을 거야. 푹 쉬고 싶어서 그래. 알았지?"

"식당에 가야 하는데. 고기가 없는데."

"그냥 있는 거 먹자. 매점에서 사다 먹어도 되고."

"안 되는데. 고기가 없는데."

"엄마는 운전해서 나가는 거 싫어. 쉬고 싶어. 오늘은 안 나갈 거야."

매점에서 파는 통조림 햄도 있었지만, 아이는 본인이 원하는 대로 과자와 밥을 비벼서 먹었다. 할머니가 보시면 기절초풍할 메뉴겠지만, 난 괜찮다.

첫날에 장작 두 묶음, 다음날도 눈 뜨자마자부터 이른 저녁까지 두 묶음을 땠다. 나는 시간 대부분을 화로 옆에서 보냈고 아이는 낙엽을 한 장 한 장 주어다 화로에 넣거나 캠핑장을 한 바퀴씩 돌고 왔다. 책을 샀더라면 흠뻑 집중해 놀았을 텐데 이번엔 그 재미마저 없이 몇 시간이 지났는지도 모를 만큼 오랫동안 옆에 앉아 가만히 불을 들여다보는 아이를 향해 나의 조바심이 먼저 발동했다.

"희랑아, 심심하면 핸드폰 한 시간 봐도 돼."

"아니요. 나중에 볼게요."

"그, 그래."

말없이 가만히 앉아 있는 아이가 나에겐 너무나 낯설었다. 얼마가 지나 아이 얼굴을 슬쩍 들여다보고, 또 얼마가 지나 한 번 더 들여다보고….

"희랑아!"

"네?"

"좋아서 불러 봤어."

용건 없이 이름을 불러보기도 했다.

마침 걸려온 남편의 전화에

"여보, 희랑이가 이상해."

"왜? 무슨 일이야?"

"희랑이가 말이 없어. 너무 조용해. 너무 오랫동안 조용해."

"에잇. 깜짝 놀랐잖아. 근데 울어? 우네…."

'이거였구나. 이 결과를 보려고 일 년을 그렇게 달린 거구나.'

힘들었던 대화의 시간보다 더 오랜 시간을 아이는 차분한 모습으로 앉아 있었다. 꼼꼼히 기록해둔 빚을 이 모습으로 한 줄 한 줄 지워 내려가는 것처럼 보였다.

그렇게 편안한 얼굴로 한 곳을 응시하는 아이와 장작이 타들어 가는 선명한 소리가 예민한 나의 감정 한쪽을 건드렸다. 새까만 밤이 얼마나 무서웠나 모른다. 아이의 말을 온전히 받아 내는 것이 얼마나 고통스러웠나 모른다. 그러나 여태 그랬듯 당시에는 나조차 나의 마음을 모른다. 내가 무서워하고 있다는 것, 내가 힘들어하고 있다는 것, 그 감정을 인정하는 순간 최면에 풀려 주저앉게 될까 봐 몹시도 두려웠나 보다. 애써 외면하던 그 감정과 감히 마주하는 것을 보니, 그토록 기다리던 것을 만난 것이 분명했다.

마침표 말이다.

지난 스무 번의 쉼표(여행) 끝에 드디어 마침표를 만났다.

이 쌀쌀한 가을밤에, 이 고요한 가을밤에.

수 없이 머리를 굴려 규칙을 만들었고 만만치 않은 그 규칙을 지키며 우리는 서로를 알아 왔다. 그러다 우리도 모르는 사이에 규칙이 하나씩 사라졌고 이 순간 그 많던 규칙들은 온데간데없었다. 잔잔한 시간을 나누는 엄마와 아이, 둘 뿐이었다.

지독하고 잔인하기도 했던 치열함과 맞바꾼 잔잔함이다.

그래서일 거다. 눈물이 따뜻했다.

아침에 일어나 뜨거운 커피를 한 잔 가득 마시고 아이와 캠핑장을 걸었다. 아직은 농익은 색깔이 아니다. 가을이 조금 더 남았다는 얘기다. 이 색들이 깊어지고 선명하다 못해 탁했을 때, 그때가 우리의 시작이었다.

아이의 짜증으로 서너 발짝 걷는 것이 불가능했던 그날. 격한 감정을 쥐어짜며 바닥에 주저앉던 그날. 그날이 없었다면 어쩔 뻔했을까!

"엄마, 여기가 뭐지? 아! 나무새 캠핑장아, 안녕. 즐거웠어. 다음에 또 올게."

아이는 매번 그랬듯이 캠핑장을 떠나며 인사를 남겼다. 역시 언젠가 내가 했던 그 말을 빌려서.

나의 말투, 나의 습관, 나의 표정…. 작은 것 하나하나를 빌리는 이 아이를 위해 난 오래도록 투명한 어른이고 싶다.

계획했던 일 년보다 조금 일찍 상상으로만 그리던 마침표를 만났다. 이제 우리는 다음 문장을 준비한다. 썼다 지우기를 또 일 년쯤 하면 한 번 더 찍을 수 있겠지. 그렇게 평생을 들여 만든 것이 고작 몇 줄이 안 된다 해도 아이는 반드시 기억해 줄 것이다.

한 자 한 자에 녹여 놓은 엄마의 사랑을.

나무새 캠핑장 ★★★★★

- site A13 (울타리가 쳐진 단독 데크사이트)

- 화장실, 샤워실 시설 깨끗함(상)

- 부지가 넓어 아이와 산책하기에 좋음

- 주인아저씨가 저녁에 순찰하며 불편 사항을 체크함

- 캠핑장 주변에 편의 시설 없음, 매점에 기본적인 물품 갖춰짐

- 경사가 심해 운전에 자신 있는 사람만 고지대 이용 가능

2박, 10만 원

나는 아이와 함께
우리가 가진 성실과 땀으로
세상을 두드릴 변화구를 준비한다.

그것이 우리가 가장 잘 할 수 있는 몸부림이다.

마치며

나는 스스로 일을 만든다. 잠들어 있는 시간을 제외하고 소파에서 뒹굴거나 넋 놓고 TV에 빠지는 일이 드물다. 커피를 좋아하지만, 가만히 앉아 향을 즐기기보다 하고 있는 무언가에 더 집중하기 위해 곁들인다는 설명이 맞을 것 같다.

계획이 있어야 하고 주기적으로 계획에 이상이 없는지 확인되어야 안심이 된다. 계획을 만드는 일, 지키는 일, 확인하는 일, 다시 계획을 만드는 일은 모두 나의 안정을 위한 작업이다.

이것이 나의 성향이다. 때로는 흐름에 맡겨 덤덤히 흘러가는 이들이 부럽기도 하고 내가 만든 계획들에 숨을 헐떡이기도 하지만 영 편치가 않아 다른 옷을 입을 수가 없다.

아이를 위한 모든 계획도 결국 나의 안정을 위한 작업이었지만, 언제나 그것은 대안이었다. 끔찍하게 여기는 일을 아이에게 강요하고 싶지 않았고 그 마음을 지키려면 나에겐 늘 대안이 필요했다. 학교를 괴로워했던 아이에게 홈스쿨이라는 대안이 없었다면, 벼랑 끝으로 몰아도 끝까지 연필을 들지 않으며 학습을 거부했던 아이에게 그림이라는 대안이 없었다면, 나는 그 마음을 지키지 못하고 아이의 마음을 무시할 수밖에 없었을 것이다.

"학교는 가야 해. 공부는 해야 해."

'다른 방법이 없어….'

하고 말이다.

아이가 스스로 하고 싶은 일을 찾고 즐길 수 있는 직업을 갖는 것이 나에게도 꿈이다. 상상만으로도 벅차고 아름답다.

그러나 나는 다른 상황도 준비해야 한다. 아이가 그 일을 스스로 하지 못했을 때. 아이가 무직일 때. 점점 빠른 걸음으로 다가오는 그 시점에도 나의 안정이 위협받지 않도록 차근차근 준비해야 한다. 다시 시작할 나의 일 한편에 아이의 자리를 두어 왔던 이유도 그 때문이다.

인간에게 꿈이 없는 것은 죄가 아니다. 나의 두 아이를 포함해 꿈을 찾은 아이보다 찾아가는 아이가 훨씬 많다. 어른은 다를까? 꿈을 쥐고 있는 사람보다 여전히 진행 중 이거나 찾기를 포기한 어른이 더 많다.

반짝이는 꿈을 움켜쥐었든 그렇지 못했든 일상은 지속된다. 그 하루하루를 아이와 부대끼며 벌받는 것처럼 살고 싶지는 않다. 그래서 부지런히 대안을 만든다.

장애인을 위한 직업 시설이 있다. 많은 장애인 자녀를 둔 부모들의 목적지이기도 하다.

하지만 그 자리가 기다리는 주인은 따로 있다. 손가락이 말을 듣지 않아 사투를 벌이며 팔 전체를 이용해 물건 집기를 연습한 누군가의 자리여야 한다. 움직이지 않고는 미칠 듯 힘들지만, 연습하고 또 연습해서 한 시간, 두 시간 앉아 있는 것이 가능해진 누군가의 자리여야 한다. 성실과 땀의 결과로 응당 받아야 할 누군가의 소중한 자리다.

적당히 나이 먹어 스무 살을 맞이한 내 아이가 그들을 집으로 몰아넣고 꿰찰 수 있는 그런 자리가 결코 아니다. 누군가의 노력을 짓밟는 순간 나의 것도 그리될 수 있음을 받아들여야 할 것이다.

나는 아이와 함께 우리가 가진 성실과 땀으로 세상을 두드릴 변화구를 준비한다. 그것이 우리가 가장 잘 할 수 있는 몸부림이다.

아이가 마지막 등교를 했던 그날로부터 꼭 일 년이 되는 날, 나는 다시 출근한다. 그러기까지 10년이 훌쩍 넘는 시간이 지났다.

그러나 나의 육아에 누군가의 희생을 빌리지 않아도 되고, 미디어에 아이를 맡기지 않아도 된다. 10여 년의 경력 공백이 전혀 아깝지 않은 이유다.

내가 작업실에서 그림을 그리는 오전 동안 아이도 아이의 몫을 스스로 할 것이다. 나의 일, 그리고 아이를 위한 새로운 대안을 위해 나는 그림을 그릴 것이다.

글쓰기 막바지에 예상했던 것보다 훨씬 거대한 고립감을 느꼈다. 나의 글을 인상적으로 평가하면서도 공감의 한계를 단정 짓는 여러 출판사 때문이었다.

나는 이 책으로 내가 알고 있는 참 드물고 독특한 색 하나를 설명하고 싶은 것이다. 당신과 나의 팔레트 한 칸에 분명히 있는, 그러나 자주 쓰지 않아서 쉽사리 붓이 가지 않던 그 색깔.

빨강과 노랑 사이, 노랑과 파랑 사이, 파랑과 빨강 사이에 가짓수를 셀 수 없을 만큼 다양한 색이 있다. 그리고 어느 색 하나 예쁘지 않은 것이 없다.

잘 드러나지 않은 그 색을 알리고 싶은 것이다.

그 색은 어린이일 수도, 청년일 수도, 40, 50, 60대의 여성이나 남성일 수도, 노인일 수도…. 당신일 수도 있다.

혼자가 아닌 인간이 없기에 모두가 서로의 색에 관심을 가지고 서로를 지켜줘야 하는 것이다. 어느 색 하나도 빛이 바래 소멸하는 일이 없어야 하니까. 그래야 그림이 다채로울 테니까!

<장애>를 그저 한 사람의 색깔로 존중해 주길 바란다.

더불어 엄마와 아이가 서로를 이해하기 위해 애쓰는 여정을 들여다 봐주길 바란다. 모든 부모가 모든 자녀와 함께 만들어야 할 이야기이다.

지금 당신은 당신의 아이와 어떤 관계 위에 있나? 당신이 만들고 있는 두 밤 여행의 여정에 나의 이야기가 한 조각 나눔이 되길 바란다.

마지막으로

일 년 전 그날 첫 문장을 완성하도록 용기를 부어주었던 남편에게 이 책을 바친다.

"여보, 나 약속 지켰어요. 잘했지?"

책상, 기적이 일어나는 공간

    교육을 시작하는 부모님들에게 딱 한 가지 메시지를 전한다면, 단연 <책상>이다. 그리고 그 안에 숨겨진 몇몇 가지의 질서들이다. 아이는 4살 중반에 책상에 앉는 연습을 시작했다. 나는 지금껏 그곳에서 꿈을 꾼다. 마음을 담은 나의 메시지가 주소를 적지 못한 목적지에 잘 도착하길 기도한다.

나의 육아에 중심이 되는 장소.

집안 모든 물건 중 가장 신경 쓰고 정성을 들였던 곳.

기적이 시작되었던 곳.

<책상>

아이들이 유모차를 탈 시기까지 우리 가족은 저녁 식사 후 매일 산책을 했었다. 오래된 동네가 주었던 정감도 좋았고, 인천대공원으로 가는 마을 뒷길도 계절을 느끼기에 그만이었다. 유모차를 떼고부터는 놀이터에 출근 도장을 찍었다. 저녁 도시락을 싸서 놀이 중에 먹기도 했고 구석구석 놀이터를 찾아다니며 신나게 뛰어놀았다.

나는 놀이터에 나온 아이들을 모아 함께 뛰는 엄마였다. <무궁화 꽃이 피었습니다> <발짝 뛰기> 같은 골목 놀이를 함께 하다 놀이가 무르익을 때쯤 슬쩍 빠지곤 했다. 친화력이 생긴 아이들은 곧잘 놀이를 이어갔고 이후부터 나의 역할은 무법자 같은 작은 아이를 안고 업고, 만년 깍두기 딱지를 붙인 채 놀이에 참여하는 것이었다.

동네 꼬마에게 "이모, 저녁에 놀 수 있어요?" 하는 영광스러운 대사를 받던 활달한 아줌마였다.

두어 시간 놀이에 땀으로 절은 아이들이 샤워를 마치고 향하는 곳은 책상이었다. 아이들에겐 놀이의 연장선이었고 나에겐 꿈을 꾸는 장소였다. "공부하자." "책상에 앉자." 나의 이런 제안에 두 아이는 크게 짜증을 내거나 반항한 일이 없었다. 먼저 가서 앉아 무언가를 하는 날이 훨씬 더 많았다.

책상이 즐거워지는 순간, 놀라운 일들이 일어난다.

모든 공부의 시작은 <해소>다.

내가 놀이터에 진심이었던 이유는 아이들의 책상 놀이를 노린 해소를 위함이었고, 책상 놀이는 학습을 위한 오랜 준비였다.

물감을 짜고 뿌리고 벽 가득 발라본 아이는 곧 붓이라는 도구를 이용할 수 있게 되었고, 여러 도구가 익숙해지면서 섬세한 작업에 필요한 연필을 잡는 날이 왔다. (밀가루 놀이, 물감 놀이, 풍선 놀이 같은 해소를 위한 퍼포먼스 수업은 욕실을 이용했다.) 몸을 쓰며 재료를 탐색하는 시기가 지나니 착석이 한결 수월했다. 중간중간 착석을 시도해 보면 판단이 선다. 해소가 더 필요한지 아닌지.

아이의 시기에 맞추어 엄마의 유도가 제대로 흐름을 탈 때, 불필요한 신경전을 최소화할 수 있다.

착석이 되고 새로운 고민이 시작되었다.

'책상, 어떤 환경이어야 할까? 나라면 어떤 공간이 좋을까? 내가 어릴 적 그토록 바라던 것은 무엇이었나?'

아이가 되어 생각을 거듭하고 이런저런 시행착오 끝에 내가 찾은 답은 이것이었다.

<가고 싶은, 가기 쉬운, 머물고 싶은 곳>

이맘때 아이들은 대부분 시간을 책상이나 책상 주변에서 보냈다.

큰아이는 아침에 일어나면 안 떠지는 눈을 비벼가며

책상에 앉았고, 자다가도 불쑥 거실로 나와

책상에서 그림을 그려두고 다시 잠자리에 들었다.

꿈에서 본 장면을 기록하는 듯했다.

아침잠이 많지 않은 아이들이 학교와 유치원으로 가기 전

책상에서 그림 한 장 그리는 여유도 있던 시기였다.

가고 싶은

책상에서 아이 손이 닿는 거리 안에 즐거운 재료가 많아야 한다. 미술 재료, 아이가 좋아하는 장난감, 꺼내기 편하도록 정리된 퍼즐 등 부담 없이 꺼내어 손쉽게 놀 수 있는 환경이어야 한다.

흥미로울 법한 것으로 재료를 바꿔 주고 널브러진 뒤처리를 하는 것은 얼마간 나의 몫이었다. 그렇게 몸에 익은 습관은 머지않아 시기가 찬 아이와 함께 재료를 사러 화방을 다니도록 해 주었고, 언젠가부터는 정리된 환경에 익숙해진 아이가 스스로 정리를 할 수 있었다.

놀거리가 늘 준비된 곳, 아이는 그곳으로 향할 수밖에 없다. 즐거움이라는 미끼를 잘 활용하자.

가기 쉬운

아이 책상을 사고 가장 먼저 한 작업은 톱질이었다. 아이가 서 있을 때도 앉아 있을 때도 사용이 쉽도록 기둥이 되는 부분을 잘라내야 했다. 그리고 아이 성장에 맞추어 책을 끼워가며 높이를 올려 주었다. (유아용 책상 이후) 우리가 사용했던 책상은 운송비를 포함해 6만 원대였지만, 족히 백 배 이상의 값어치를 했다. 상판이 넓고 뒤집어가며 쓸 수 있어서 가구 배치를 자주 바꾸던 나에게도 맞춤이었다.

책상은 항상 넓은 공간을 바라보도록 했고 거실 가운데 있었다. (시험 기간 같이 집중력을 요하는 공부를 시작했을 때, 아이들 방에 벽을 향한 작은 책상을 두었다. 큰아이가 초등학교 3학년 무렵이었다.)

셋이 함께 책상에 앉아 있을 때는 마주 보기에 불편함이 없어야 했고, 내가 주방일을 하는 동안에도 아이와 소통이 오가는 거리여야 했다.

아이의 발자국이 가장 많이 쌓이는 곳, 그곳이 책상이 있어야 할 자리다.

머물고 싶은

착석을 시작했다고 바로 공부를 할 수 있는 것은 아니다. 아이의 집중력이 선 하나 휙! 긋는 것에서 시간을 셀 수 있는 정도가 되기까지, 5분에서 10분이 되기까지, 그 이상이 되기까지. 책상 밑으로 숨어 들어가고 통과해 빠져나오고 책상 위에 드러누워 놀이하는 것에 싫증을 보일 때까지.

내가 노력해야 할 두 가지가 있었다.

함께 집중을 모아주고! 화내지 않기!

아이들과 집에 머물 때 나의 휴대폰은 무음이었다. 안 그래도 짧은 아이의 집중력을 외부요인으로 쪼개고 싶지 않았고, 내가 누군가와 대화하는 것을 아이가 몹시 힘들어하기도 했다. 집안일도 아이와 집중해야 할 시간에는 미뤄 두었다.

여전히 아이의 못마땅한 행동에 욱! 화가 오르는 것이 사실이지만, 나의 화를 정제 없이 아이에게 표출하는 것은 다른 이야기다. 책상에서 무언가를 할 때 엄마가 나에게 화를 낸다면, 그리고 그것이 반복된다면, 나는 결코 그곳에 가고 싶지 않을 것이다.

머리로 아는 것을 습관으로 만들기까지 나에게도 오랜 연습이 필요했다. 오랜 연습은 반드시 그것을 습관으로 만들어준다. 그 습관이 아이에게 일으키는 기적을 여러분이 직접 경험하길 바란다.

방에서 온라인 수업을 듣던 큰아이가 지루할 때면 거실로 나와 수업을 듣고,
어느 순간 맞은편에 앉아 학원 숙제를 한다.
일어나고 싶을 때 일어나고 시작하고 싶을 때 시작하는 작은 아이는
본인이 마음먹은 순간에 틀림없이 책과 공책, 필통을 챙겨 앉는다.
누군가는 음식을 먹고, 누군가는 그림책을 만들고, 누군가는 책을 읽는

책상은 그런 공간이다.

누구 하나가 먼저 천 조각 퍼즐을 풀어 놓는다.

몇 시간을 들여도 한 번에 완성은 무리다.

그렇게 펼쳐 놓은 퍼즐을 며칠 동안 오가며 아름아름 맞춘다.

아침엔 작은 아이가, 하교 후 돌아온 큰아이가, 저녁엔 남편이.

그러다 주말에 시간이 맞으면 함께.

책상은 우리 가족을 잇는 허브다.

단순히 여러 장소를 즐기는 여행을 너머
두 주인공의 삶이라는 여행에도 어느새
발을 들인 자신을 볼 수 있다.

그리고 이내 그들도
나와 같다는 사실을 깨닫는다.

추천의 글

희랑이가 그리웠던 그 밤 동안 어떤 성장이 있었는지 알게 해 준 '두 밤 여행'. 본인은 아이와 2년의 교육과정을 함께 했던 초등학교 담임 교사로 '두 밤 여행'의 시작을 무척 응원했을 한 사람이다.

교직에 있다 보면 저마다의 개성을 지닌 다양한 아이들을 만난다. 개성에는 참 많은 얼굴이 있고 장애 역시 그런 개성에 한 부분쯤으로 여기며 살아왔다. 다양한 개성을 지닌 학생들과 하루 6시간씩 1년을 함께 하려면 서로를 잘 이해해야 한다. 학생도 교사도 서로를 알아가기 위해 부단히 노력한다. 마치 육아처럼. 그래서 그런지 아이들은 부모를 닮아있다.

'두 밤 여행'을 누군가에게 짧게 설명한다면 <함께 여행하는 기분이 들게 해주는 모험 이야기>라고 말하고 싶다. 조금은 어설프지만 어디로 튈지 모르는 매력 넘치는 주인공과 뭐든지 다 할 수 있을 것 같은 조력자가 함께 떠나는 여행. 아름다운 풍경이 함께하고 주인공이 일으키는 예상치 못한 사건을 함께 해결하며 성장하는 모습을 지켜보는 대서사시!

특히 아름다운 풍경에 대한 묘사를 보면 어찌나 관찰력이 뛰어나고 표현이 멋들어지던지 직접 찾아가고 싶어진다. 게다가 바쁜 여정으로 인해 장소를 옮기느라 일부분만 설명할 때면 감질나게 머릿속 풍경화가 끊겨 엉덩이가 들썩인다. 이런 관찰과 탐구가 두 사람을 여행할 수 있게 하고 마침표를 찍을 수 있게 한 원동력이구나 싶다. 물론 작가님의 관찰과 탐구 정신을 닮은 희랑이도!

책을 읽으며 여정을 따라가다 보면 단순히 여러 장소를 즐기는 여행을 너머 두 주인공의 삶이라는 여행에도 어느새 발을 들인 자신을 볼 수 있다. 그리고 이내 그들도 나와 같다는 사실을 깨닫는다. '개성이 다른 사람들일 뿐 똑같은 육아구나. 내용과 방법만 다를 뿐 똑같구나.'

장애가 있는 아이를 키우는 부모들만 공감 가는 이야기가 아니라 모든 부모가 공감할 수 있는 육아에 관한 이야기라 생각했다. 어떤 아이라도 성장할 수 있다는 희망을 보여주는 이야기. 변할 수 있다는 용기를 심어 주는 위로가 되는 이야기. 그것을 위해 부모가 아이를 교육할 때 무엇을 바라봐야 함께 행복해질 수 있는가를 전하는 이야기.

이 글을 통해 우리의 삶 앞에 머무를 수많은 희랑이와 그 아이들을 애정 어린 시선으로 관찰할, 부모이자 교사인 여러분에게 늘 희망이 가득하길 바란다.

백승화 선생님

내가 누군가의 시선에서 벗어나
아이와 함께 카페 투어의 꿈을 이룰 수 있도록
부디 사회의 벽이 낮아지길,
내가 아이와 앉아 있는 그 카페에서
우리 친구들도 함께 커피 향을 즐기고 있길
기도해 본다.

추천의 글

무엇에 의해서가 아니라 너의 생각으로! 하고 싶은 일들을 하며!
주체적으로!

장애아를 키우는 엄마들의 최종 목표.
아니 그렇게만 될 수 있다면 더할 나위 없이 행복할 엄마들의 바람
일 것이다.

내 아이가 다른 아이와 다름을 인정하기까지,
타인의 시선에 무딘 척을 할 수 있게 되기까지,

유리 멘탈을 부여잡고 정신줄을 놓지 않으려 얼마나 매달렸는지 이루 말할 수 없을 것이다.

외출할 땐 '혹시라도 돌발행동을 하지 않을까!' 아이의 손을 꼭 잡고 놓지 않았고, 식당에서는 부산스러운 아이의 행동으로 시선이 집중되는 것이 싫어 의자에 엉덩이가 닿기도 전에 아이의 두 손에 핸드폰을 쥐여 주었다. 나는 아이에게 당연한 듯 식당이나 마트, 차를 타면 미디어를 보여주었고, 아이가 미디어에 집중하면 모든 것이 평화로웠다.

아차 싶은 순간에는 이미 아이의 고집 레벨이 정점을 찍고 지구 밖을 향해 전진하고 있었다.

아이를 바로잡고 싶었지만, 이미 나의 머리 꼭대기에 앉아 있었다. 시작할 엄두도 아이와 실랑이를 하고 싶지도 않았다. 굳이 조용한 평화를 깨면서 일을 만들고 싶지도 않았다. 일단 내가 편해야 하니까.

어쩌다 화가 치밀어 오를 땐 힘으로 아이를 제압하고 소리를 지르며 아이를 통제했다. 무조건 내 지시에 따르는 꼭두각시로 만들 수 있었다. 뒤죽박죽 갈팡질팡 그저 엄마 기분에 따라 아이도 매일 롤러코스터를 타며 그런 하루하루를 보냈다. 아무런 계획도 없이, 그저 시간이 해결해 주리라 믿으며.

내가 아이와의 관계에 얽히고설킨 실타래를 풀어나갈 수 있었던 건 희랑맘과 공동육아를 시작하고부터이다.

　'어떻게 아이한테 화를 안 내? 그게 가능해?'

　'엄마랑 학습이 가능해? 아이가 한다고?'

　'핸드폰을 매일 보지 않는다고? 그게 가능한 일이야?'

　'스스로 목욕을 한다고?'

　장애아를 키우면서 시도해 보지도 않은, 당연히 불가능하다고 생각했던 일을 희랑이는 자연스럽게 하고 있었고, 엄마의 내공도 달랐다. 항상 아이들의 장애 관련 얘기만 하던 주변 엄마들과는 분명 달랐다. 충격이었고 발끝에서부터 무언가가 꿈틀거리는 자극제가 되었다. 나도 할 수 있을 것 같았다. 나와 아이에게 끝이 보이지 않던 어둠의 터널에서 무언가 한 줄기 빛이 보이는 것 같았다. 아이보다 하루 더 살게 해 달라고 기도하지 않아도 될 것 같은 기대가 마음에서 꿈틀거렸다.

　하지만 이런 기분 좋은 설렘은 오래가지 못했다. 하루아침에 나와 아이는 달라지지 않았다. 아이는 핸드폰을 보여주지 않으면 온 집안을 뛰어다니며 울면서 소리쳤고, 앉혀놓고 수학 문제 하나라도 풀려면 찢고 던지고 소리 지르고. 난리였다.

　나는 그런 아이를 향한 분을 이기지 못하고 소리를 질러댔고 아이의 등짝에 스매싱을 날렸다. 누구를, 무엇을 위해 내가 아이와 이 짓을 하고 있는지, 과연 내가 그 한 줄기 빛을 정말 본 게 맞는지 온통 의심스러웠고 혼란스러웠다.

공동육아가 있는 날에는 희랑이의 모습을 보며, 희랑맘과 얘기를 나누며 다시 마음을 잡았지만, 집에서 아이와 실랑이를 할 때면 다시 무너졌다. 반복이었다.

시간이 얼마나 흘렀는지 모르겠다. 아이가 조금씩 달라졌다. 스스로 마음을 조절하려 노력하고 엄마와의 약속을 지키려 하는 대견한 아이로 성장하고 있었다. 나도 아이에게 화를 내지 않으려, 대화를 통해 아이의 마음을 헤아리고, 의사결정을 존중하면서 서로 합의점을 찾으려 노력했다. 나 또한 변하고 있었다.

아이 스스로 가정에서 주어진 과제를 해결하고, 배고픔을 해결하고, 혼자 등, 하교와 센터를 다녀오고, 슈퍼에서 먹고 싶은 간식을 구매하고, 수학 문제 풀이보다 싫어했던 1시간 정도의 산책길을 기분 좋게 발맞추어 걸을 수 있었을 때까지 수많은 물음표와 느낌표, 긴장감과 뿌듯함을 느끼며 몇 년을 보냈고, 앞으로는 지금껏 느끼지 못한 감정을 느끼며 자립을 위한 여러 경험을 하게 될 것이다.

육아에 정답은 없다. 저자의 육아 방법이 답이라고 확신할 수도 없다. 하지만 내가 몇 년간 희랑맘의 육아 방법으로 많은 도움을 받았고, 나와 아이가 성장한 건 부정할 수 없는 사실이다. 모든 아이에게 변화가 나타나기까지 6개월이 걸릴지, 1년이 될지, 3년이 될지 장담할 수는 없지만, 분명 변화가 나타날 것이다. 매일 도를 닦아야 하는 희랑맘의 육아 방식이 장애아뿐만 아니라 4살 터울의 비장애 동생의 육아에도 도움과 희망이 된다고 얘기하고 싶다.

   나에겐 몇 년 후 아이에게 커피의 매력을 느끼게 해주고, 단둘이 예쁜 카페 투어를 다녀야겠다는 설렘 가득한 작은 꿈이 생겼다.
 내가 누군가의 시선에서 벗어나 아이와 함께 카페 투어의 꿈을 이룰 수 있도록 부디 사회의 벽이 낮아지길, 그리고 내가 아이와 앉아 있는 그 카페에서 우리 친구들도 함께 커피 향을 즐기고 있길 기도해 본다.

민서맘, **김희진**

두 밤 여행

1판 1쇄 발행   2022. 01.09

글·그림	윤정은
발 행 인	박윤희
발 행 처	도서출판 이곳
디 자 인	디자인스튜디오 이곳
등 록	2018. 10. 8 신고번호 제 2018-000118호
주 소	서울 송파구 송파대로44길 9(송파동) 402호
팩 스	0504.062.2548

저작권자 ⓒ 윤정은 2022
이 책은 저작권법에 의해 보호를 받는 저작물이므로
저자와 출판사의 허락 없이 내용의 일부를 인용하거나 발췌하는 것을 금합니다.

잘못 만들어진 책은 구입하신 곳에서 교환해드립니다.
값은 뒤표지에 있습니다.
ISBN 979-11-977173-0-7 (03190)

도서출판 이곳
우리는 단순히 책을 만들지 않습니다.
작가와 책이 마주치는 이곳에서 끊임없이 나눔을 너머 다름을 생각합니다.

홈페이지	www.bookndesign.com
이 메 일	bookndesign@daum.net
블 로 그	blog.naver.com/designit
유 튜 브	**도서출판이곳**
인스타그램	@book_n_design @here_book_books

이 도서의 국립중앙도서관 출판예정도서목록(CIP)은 서지정보유통지원시스템 홈페이지(http://seoji.
nl.go.kr)와 국가자료종합목록시스템(http://www.nl.go.kr/kolisnet)에서 이용하실 수 있습니다.

도서출판 이곳